Hermann Hoffmann, Hermann Hoffmann

Mykologische Berichte

Übersicht der neuesten Arbeiten auf dem Gebiete der Pilzkunde

Hermann Hoffmann, Hermann Hoffmann

Mykologische Berichte
Übersicht der neuesten Arbeiten auf dem Gebiete der Pilzkunde

ISBN/EAN: 9783743453548

Hergestellt in Europa, USA, Kanada, Australien, Japan

Cover: Foto ©berggeist007 / pixelio.de

Manufactured and distributed by brebook publishing software
(www.brebook.com)

Hermann Hoffmann, Hermann Hoffmann

Mykologische Berichte

MYKOLOGISCHE

BERICHTE:

ÜBERSICHT DER

NEUESTEN

ARBEITEN AUF...

Hermann Hoffmann

Mykologische Berichte.

Mykologische Berichte.

Uebersicht

der neuesten Arbeiten auf dem Gebiete der Pilzkunde.

Von

Hermann Hoffmann,

Dr. med. und philos., ordentlichem Professor der Botanik in Giessen.

III.

Für 1871.

Giessen.

J. Ricker'sche Buchhandlung.

1872.

1) **Huxley** erörterte in seiner Eröffnungsrede der British Association in Liverpool am 14. Sept. 1870 die Frage bezüglich der *generatio spontanea* in eklectischer, historisch-critischer Weise. (Athenaeum N. 2238. p. 374 f.) Die Hefe, Empusa, und die Corpuscula der Seidenraupe werden specieller besprochen. Dabei wird gezeigt, daſs das Axiom „omne vivum ex ovo“ nicht von **Harvey** herrühren könne, dem man es allgemein zuschreibt, sondern dieser fest an generatio spontanea geglaubt zu haben scheine. Vielmehr ist jene Vorstellung auf **Redi** zurückzuführen, welcher — vor nun 202 Jahren — gleichzeitig lebte, „ein Bürger jenes Landes, fruchtbar an grofsen Männern in allen Zweigen menschlicher Thätigkeit, welches für das intellectuelle Europa im 16. und 17. Jahrhundert die Bedeutung hat, welche im 19. Deutschland besitzt.“ Die Production eigenthümlicher Krebszellen, Warzen, Hühneraugen u. dergl. wird mit der alten Ansicht in Parallele gesetzt (aber nicht identificirt), welcher auch **Redi** selbst huldigte, daſs die Eiche den Gallapfel sammt dem darin enthaltenen Wurme producire. Die Granulationen (Microzyma) in der Vaccine-Lymphe, welchen nach **Chauveau's** (von B. **Sanderson** bestätigten) Versuchen die Ansteckungsfähigkeit zukommt, bilden einen realen Uebergang zu der letzteren Vorstellungsweise; diese Quasi-Organismen sind Producte des lebenden Menschen, leben nur auf dem lebendigen Substrat, und haben doch eine gewisse Selbstständigkeit oder Eigenartigkeit der Existenz, welche sogar

feindselig der Existenz ihres Trägers entgegentritt. (Früher hielt man indefs auch den Getreidebrand für ein Product der damit besetzten Pflanze.) Sanderson's Untersuchungen sind enthalten in dem Appendix zu den Reports on the Public Health 1870 : On the intimate Pathology of Contagion.

2) Bei derselben Gelegenheit sprach auch G. W. Child über *generatio spontanea* (ib. N. 2240. p. 436) : Da er nachgewiesen habe (Proceed. royal Soc. 1865), dafs gewisse kleine Organismen [Bacterien u. dergl.] die Siedhitze ertragen können, so seien die üblichen Methoden zur Demonstration der Nichtexistenz einer generatio spontanea wenigstens bezüglich dieser Organismen ohne Beweiskraft. [Ref. hat indefs nachgewiesen, dafs dieselben unter höherem Dampfdruck in der Siedhitze sofort und sicher getödtet werden. Bot. Zeitg. 1863. S. 306].

3) J. Samuelson (On the controversy of spontaneous generation, ibid. p. 436) sprach über denselben Gegenstand. Er bekämpft die Versuche Bastian's, welcher Protoplasma dargestellt zu haben glaubt. Nachweis des Vorkommens von Keimen niederer Thiere und Pflanzen in der Luft.

4) Eine Erwiderung H. Ch. Bastian's findet sich in No. 2244 (p. 565). In M'Calls Etablissement wird das zu conservirende Fleisch in den Büchsen in einem Chlorcalciumbade auf 264° F. erwärmt, dann eine Stunde lang noch auf 230° F. (110° C.) erhalten; nach vollzogenem Verschlusse noch einmal 1/4 Stunde lang auf 260° F. (126° C.) erhöht. Trotzdem gehen stets einige Büchsen zu Grunde, ohne erkennbare Fehler. B. untersuchte 3 gute Büchsen (Salm, Hummer und Julien's Suppe); er fand darin eine grofse Zahl jener kleinen lebenden Wesen, welche in Solutionen auftreten : Fädchen, bacterienartige und achterförmige Körper; letztere zeigten neben der Molecularbewegung auch vitale; die Bacterien zeigten nur matte Bewegung. Ob lebend oder todt, war nicht mit

Sicherheit festzustellen. — B. erhitzte gemeinsam mit Frankland versiegelte Flaschen mit Flüssigkeiten auf 146—153° C., dennoch traten nach 3 Wochen Flocken auf; nach 65 Tagen hatte sich oben ein Schimmel gebildet. Erhitze man Schimmel oder Sporen in Wasser auf diese Temperatur, so würden sie zerstört. Daher müssen jene durch spontane Zeugung entstanden sein. Tyndall erklärt sich aber durch diese Einwürfe nicht überzeugt. — Bastian hat im Jahre 1871 eine besondere Schrift über diesen Gegenstand veröffentlicht : The modes of origin of lowest organisms, including a discussion of the experiments of M. Pasteur, and a reply to some statements by Proff. Henslow and Tyndall. 122 p. 8. — (4 s. 6 d.)

5) E. Roze erzog durch Impfung von *Podisoma clavariaeforme* auf Blättern des Weifsdorns die Roestelia penicillata, also wie bei Örsted; während P. fuscum nicht anging, also wohl einer anderen Pomacee als Substrat bedarf. Ferner machte derselbe Mittheilungen über die Vitalität des *Sclerotium* clavus, sowie über Impfung mit den Conidien von Sphacelia. Blühende Roggenähren, in conidienreiches Wasser getaucht, zeigten schon nach 8—10 Tagen die ersten Anlagen neuer Sphacelien, welche sich durch Ausscheidung eines conidienhaltigen Saftes ankündigten; — ebenso bei Uebertragung auf Triticum; und umgekehrt : von der Sphacelia des Triticum auf Secale. Ebenso von Secale auf Triticum repens. Ferner Ansteckung durch Uebertragung der Conidien auf die Stigmata der Blüthen von Lolium perenne. Ferner operirte derselbe mit Wasser, worin — durch Zerdrücken von Claviceps-Köpfen — deren Sporen suspendirt waren. Nachdem er darein Aehren von Roggen oder Weizen getaucht hatte, erschienen 10 Tage später an denselben einige Sphacelien *);

---

*) Ref. hat denselben Versuch mit vorjährigem Sclerotium, ausgesäet am 7. Febr. 1870, ausgeführt, welches Mitte Juni vollreife Claviceps

ebenso, wenn einige Tropfen dieser Flüssigkeit zwischen die Spelzen von blühendem Roggen eingeflößt wurden. In allen Fällen entwickelte sich weiterhin daraus Sclerotium. (Compt. rend. LXXI. 1870. Aug. p. 323.)

6) P. Morthier et L. Favre, Catalogue des Champignons du Canton de *Neuchatel.* (Bullet. soc. sc. nat. de Neuchatel. 1870. VIII. 3; 63 S.) Nach Familien geordnetes Namenverzeichniſs mit Angabe des Standorts und Fundorts; darunter 10 Species von Mucor, Aecidium 35, Puccinia 48, die Sphaeriaceen nach den neuesten Eintheilungen geordnet. Zu erwähnen sind u. a. Cenococcum geophilum, Mylitta Pseudacaciae, 3 Exoascus, Tuber brumale Vitt., 7 Helvella, Verpa digitaliformis, 6 Morchella, 6 Geaster, Clathrus cancellatus, Hymenangium album Kl., 31 Clavaria, Sparassis brevipes Kr. u. crispa, letztere 25 Pfund schwer bei Corcelles, bei Travers; 32 Hydnum, 67 Polyporus (darunter igniarius, officinalis, pes Caprae), Schizophyllum commune, Panus stypticus und farinaceus, 44 Cortinarius, 10 Coprinus, 14 Pleurotus, 19 Collybia, 9 Amanita, 7 Physarum. Ein ungemein reichhaltiges Verzeichniſs; darunter Vieles nach dem Herbar von Chaillet auf dem Museum in Neuchatel, von denen manche aus anderen Gegenden stammen dürften.

7) Champion und Pellet fanden in Wiener Preſshefe 75 pC. Wasser, 7,7 pC. Stickstoff, 3,46 pC. öliges, verseifbares Fett; die übrigen näheren Bestandtheile wurden nicht bestimmt. Die trockene Hefe gab 1,8 pC. Asche von der folgenden Zusammensetzung :

---

producirt hatte. 1) wurden Abschnitte der sporentragenden Köpfchen, mit Speichel befeuchtet, auf blühende Roggenähren übertragen. Es entwickelte sich bis zur Kornreife 1 Sclerotium; vier Versuche schlugen fehl. — 2) wurden zahlreiche Aehren von blühendem Roggen ein- oder mehrmal in Wasser getaucht, worin durch 24 Stunden viele angeschnittene Claviceps-Köpfe schwammen, also Sporen ausgeworfen hatten. Ebenso wurde mit Triticum vulgare verfahren. In dieser Versuchsreihe entwickelte sich indeſs kein Sclerotium.

PO,	SiO,	KO	NaO	MgO	CaO	HO *)	Cl, SO,	X **)
46,9	1,8	22,3	15,9	5,0	1,3	4,4	Spuren	2,4

8) H. Karsten, über die im menschlichen Ohre beobachteten Schimmelpilze. (Bull. soc. nat. Moscou. 1870. N. 1. t. 1. p. 74—80.) Verf. schildert mehrere Formen des *Aspergillus*, welche, ähnlich den früher beobachteten Fällen, als Ursache von Schwerhörigkeit aufgetreten waren. „Alle diese unter einander ähnlichen Formen sind höchst wahrscheinlich nur Variationen einer Species; und zwar sind sie wohl zunächst hervorgegangen aus dem, dem A. nigricans sehr ähnlichen, A. glaucus, wie diefs von Wreden bei Aussaat seiner beiden Aspergillen auf Citronen und Orangen wirklich beobachtet wurde." Verf. erkannte aus seinen Culturen, dafs sowohl A. glaucus als auch die Var. flavescens bei der Aussaat mehr oder minder direct in *Penicillium glaucum* Lk., oder in andere, diesem ähnliche Formen übergeht, und zwar z. Th. in solche, die mit *Rhodocephalus* Cd. übereinkommen, indem die kopfförmige Anschwellung des Hyphenendes verschwindet, und die Sterigmata mit ihren aufwärts gerichteten, zusammengeneigten Gonidienketten alle aufrecht auf dem spitzen Ende der Hyphe doldenförmig stehen, wodurch der auf der Epidermis heimische A. flavescens dem auf der Chitinhaut einer Wanze beobachteten Penicillium Fieberi Cd. (Prachtflora t. IX) aufserordentlich ähnlich wird.

Unter den Hyphen, welche aus A. flavescens gezüchtet wurden, fanden sich auch solche, welche die Conidienketten nicht auf den aus dem Hyphenkopf entspringenden Sterigmen tragen, sondern erst auf den Zweigen derselben, also auf Sterigmen zweiter Ordnung; wodurch die Form eines anderen im menschlichen Ohre beobachteten Schim-

---

*) „Mit den Phosphaten verbundenes Wasser."

**) Eisenoxyd und nicht bestimmte Substanzen. (Nach Payen's Précis d. chim. indust. 1867; in Jahresber. üb. Chemie für 1868. II. 3. S. 964.)

mels hervorgebracht wird : *Sterigmatocystis* Cramer. —
Auch finden sich unter den aus A. flavescens gezüchteten
Formen solche, die dadurch um so mehr in Penicillium
übergehen, dafs die Sterigmen nicht auf einem Kopfe,
sondern auf dem spitzen Ende einer Hyphe stehen, und
dafs ein Sterigma als Hyphenast etwas weiter abwärts an
der Hyphe eingefügt ist. (Die typische, von Cramer
geschilderte Form der Sterigmatocystis trägt bekanntlich
auf einem kugeligen Hyphenkopfe ringsum radial ab-
stehende Sterigmen erster und zweiter Ordnung von ziemlich gleicher Länge; jede der letzteren mit einer Conidien-
kette.) Solche sterigmatocystis-ähnliche Formen hat Verf.
nun auch aus Penicillium glaucum durch Cultur auf einem
an Protein und Traubenzucker reichen Substrate erzogen.
Alle diese Erfahrungen geben ihm die Ueberzeugung, dafs
auch Sterigmatocystis in den Formenkreis von Penicillium
gehört. (Auch Cramer sah schon Penicillium aus den
Conidien seiner Sterigmatocystis hervorgehen.) — Zu den
oben angeführten und abgebildeten Aspergillus-Formen im
menschlichen Ohre gesellt sich noch das gleichfalls hier
abgebildete (F. 15) Graphium penicillioides Cd. nebst einem
Stemphylium ; endlich beobachtete J. Böcke (Ungarische
medicinisch-chirurgische Presse, 1868) den *Mucor Mucedo,*
und Hagen (Hallier's Zeitschr. für Parasitenkunde H. 2)
einen *grasgrünen Aspergillus* mit verzweigten Hyphen und
glatten Conidien im menschlichen Ohre. [S. auch Steu-
dener und Bezold im Ber. 1870.]

9) J. B. Carnoy, Recherches anatomiques et phy-
siologiques sur les Champignons. Gand. 1870. (Bull. soc.
Bot. Belgique. 19. Jun. 1870. IX 157 f. 173 S. 9 Taf.)
Verf. cultivirte verschiedene Arten von *Mucor,* namentlich
M. romanus nov. spec., und zwar an freier Luft; durch
häufige Wiederholung der Culturen und durch mikroskopische Verfolgung des ganzen Entwickelungsganges suchte
er sich gegen die hierbei schwer vermeidlichen Täuschungen
durch fremde Eindringlinge zu sichern. Anatomie. A. *My-*

celium. Anfangs ist dasselbe frei von Querwänden; doch treten dieselben mitunter sehr früh auf, bisweilen schon vor der Anlage der Fruchtzellen. B. *Appareil sporangifère.* I. Cellule sporangifère. Die Tragzelle des Sporangiums ist einfach, ungetheilt, am Grunde gewöhnlich (nicht immer) durch eine Querwand von dem Mycelium getrennt; dicht oberhalb der Querwand findet sich ein pinselförmiger Anhang von Wurzelfasern, deren Bildung sofort nach Vollendung dieser Querwand eingeleitet wird, und welche (wie bei Rhizopus) bald verholzen. Selten bleibt ihre Bildung ganz aus. — Zellwand. Die Wand der Tragzelle ist dick, wird aber auffallender Weise mit dem Heranwachsen dünner, indem sie sich dehnt; sie besteht aus einer Cuticula und der eigentlichen Membran, welche durch Chlorzink und Jod violett wird, nachdem die Cuticula beseitigt ist. Diese Cellulosewand ist in der Regel dreischichtig, die äufserste die jüngste. Nach längerer Maceration in Kalilösung schwillt sie bedeutend an, die zwei äufseren Lagen zeigen sich dann aus einer Menge feinerer Schichten oder Blätter gebildet; Verf. zählte deren bis zu 20. Sehr junge Zellen färben sich noch nicht violett. Auch andere Mucor-Arten färben sich violett, ebenso Pilobolus und Rhizopus, letzterer nach Behandlung der Fruchtträger mit Kalilauge. Auch durch Jod und Schwefelsäure tritt bei M. romanus diese Färbung ein, soweit keine Cuticula vorhanden ist; an den Sporen nur schwach. II. *Sporangium.* III. *Columella.* Bisweilen ist keine solche vorhanden, wo dann die Sporen auch im Fruchtträger bis zur basilaren Scheidewand entwickelt sein können. [Ich habe dieselbe Erscheinung bei Muc. racemosus beobachtet. Vgl. Ic. anal. fung. p. 83. Taf. 19. Fig. 86. H.] Die Membran der Culmella setzt sich — als innerste Schicht — in den Fruchtstiel fort (geht nicht continuirlich in die innere Auskleidung des Sporangiums über) und mufs als eine Ausstülpung desselben betrachtet werden. [Hierdurch wird die Auffassung des Ref. bestätigt : ibid. T. 20. Fig. 26 ; und Botan.

Zeitg. 1868. S. 91.] Nach dem unregelmäfsigen Zerfallen
des Sporangiums collatirt die Columella, ohne sich — wie
bei anderen Arten — in Hutform überzusenken. — IV.
Sporen. Zwei durch Gröfse verschiedene Formen sind zu
unterscheiden, kommen aber zusammen vor; die einen plan-
convex, die anderen gleichmäfsig elliptisch. Ihre Membran
ist einfach, nicht in Lagen zu trennen. Ihre Zahl beträgt
bis 50000 in einer Frucht. (Bei Pilobolus 30000.)
2. Abth. Physiologie. 1 : *Vie mucoréenne.* Hauptform.
Keimung der Sporen durch Ausstülpung, ohne Perforation
eines Epispors; wie diefs auch von anderen Species, sowie
von Rhizopus und Pilobolus gilt. Mycelium. Zelltheilung
durch Selbsteinschnürung des Plasma; eine Scheidewand
tritt erst secundär auf. (Ebenso ist der Vorgang bei Botrytis elegans und Phymatotrichum). Auch hat diese Scheidewand niemals, selbst in den jüngsten Stadien, eine cen-
trale Perforation. Sie scheidet sich sofort in 2 Lamellen.
Die Bildung der Scheidewand erfolgt nicht in regelmäfsiger
Succession vom Grunde nach dem oberen Ende eines
Fadens. Sie treten Anfangs in weiter Entfernung auf;
dann neue zwischen den zuerst gebildeten. Die Pflanze
braucht 1½ Tage von der Saat bis zum Fruchttragen.
(S. 44). Das Licht hat keinen Einflufs auf das Gedeihen,
wohl aber auf die Wachsthumsrichtung (bei Mucor und
Rhizopus wie bei Pilobolus), deren Fruchtträger sich demselben zuwenden. Nach 8 Tagen hört das Mycelium auf,
Früchte zu produciren. c) Entwickelung der fruchtragen-
den Schläuche. Meist stehen deren 3—5 neben einander;
sie werden 12—14 MM. hoch und bedürfen 12—16 Stunden, nicht mehr, nicht weniger; und zwar ist ihr Wachsthum von Stunde zu Stunde gleichmäfsig. Diefs gilt für
sämmtliche Fruchtträger; also per Stunde fast 1 MM.
Mit dem Moment, wo die Spitze zum Sporangium anzu-
schwellen beginnt, hört das Wachsthum dann auf. Nun
folgt, mit vollendeter Reifung der Sporen, eine Periode
der „grofsen Streckung", welche gleichfalls für die ver-

schiedenen Exemplare von Stunde zu Stunde gleich ist,
mit Ausnahme der ersten und letzten Stunden (nicht stofs-
weise), und je 3—4 Millim. beträgt. [Dieser Mangel an
Periodicität dürfte mit dem Nichteinflufs des Tageslichtes
zusammenhängen.] Demnach geht die grofse Streckung
fast mit der vierfachen Kraft der ersten Periode vor sich.
Auf Orangen wird regelmäfsig die Höhe von 6—6¹/₂ Ctm.
erreicht, entsprechend der gleichen Energie und Dauer des
Wachsthums. Auch bei anderen Species kann man dieselben 3 Perioden unterscheiden; dagegen fällt die Periode
der grofsen Streckung ganz aus bei Rhizopus, Pilobolus
und Hydrophora. Die treibende Kraft für dieselbe liegt
in dem Andrang des krystallhellen Theiles der Inhalts-
flüssigkeit, welchem die Wand wie weiches Glas nachgibt,
indem zugleich der ganze Schlauch dünner wird, im Verhältnifs von 4 zu 3. Nur·der basiläre Theil bleibt unverändert. Eigentliches Wachsthum der sich streckenden
Partie durch intercaläre Intussusception scheint nicht
Statt zu finden. Auf anderen Substraten werden die Frucht-
Exemplare weit gröfser, bis 9 Cm. — d) Entwickelung
des Sporangiums, der Columella und der Sporen. Diese
Periode dauert im Mittel 22 Stunden; sie beginnt mit der
Gelbfärbung des oberen Endes der Fruchtschlauchzelle,
auf eine Erstreckung von 1¹/₂ bis 2 Millim. Dann folgt
kugelige Auftreibung, Bildung von Granulationen auf der
Oberfläche, Abtrennung durch eine Scheidewand : den
Anfang der Columella-Bildung. Diefs geschieht, sobald
das Sporangium ²/₃ seiner definitiven Gröfse erreicht hat,
etwa 3 Stunden vor der Bildung der Sporen. Alsbald
beginnt auch die Aufwölbung der Columella nach oben.
Direct sichtbar ist die Anlage der Columella nicht. Allein
durch Zucker oder starke Säuren erkennt man, dafs dieselbe ganz wie die aller anderen Scheidewände geschieht
(s. o.). Die Sporen bilden sich durch freie Zellenbildung,
d. h. ohne Betheiligung der Zellwand, und zwar simultan
(S. 89). „Man mufs sich wundern, dafs de Bary und

Hofmeister diese Formationsweise nicht zur freien Zell-
bildung ziehen." Es sei unwesentlich und nur von gra-
dueller Bedeutung, ob aller Zellinhalt oder nur ein Theil
desselben verwendet werde. Dagegen participire bei den
Sporangiolen von Thamnidium die Zellwand durch successive Segmentirung : Segmentation binaire endogène. Dasselbe findet man bei Hydrophora : Segmentation successive
et binaire. In den Zoosporangien von Saprolegnia und
Peronospora aber ist die Bildung der Zoosporen frei und
simultan. Dagegen geschieht die Abschnürung der Sporen
von Hyphomyceten durch Segmentation exogène. Die
Bildung der einzelnen Sporen findet Statt durch Vacuolen-
bildung, wie man bei Rhizopus und farblosen Mucor-Arten
sehen könne ; danach bilden sich die abgrenzenden Sporen-
häute. Diese „Lacunen" erscheinen successiv, aber sehr
rasch. In einem gewissen Moment ist das ganze Sporangium von solchen Cellules vésiculaires erfüllt, welche nicht
verbunden sind. Die Form der Lacunen bestimmt dann
die Form der demnächstigen Sporen (nur ausnahmsweise
bleibt die Lacune einer Spore aus). So scheint es (nach
dem Verf.) bei allen Thecasporen zu geschehen, z. B. bei
Eurotium, wo zuerst 8 derartige Lacunen auftreten. Besonders deutlich aber bei Peziza, wo die 8 Lacunen in
der Mitte des Schlauches auftreten. Zellkerne konnte Verf.
nicht auffinden; was man dafür gehalten hat, sind Knöt-
chen oder Granulationen, die aber nur eine untergeordnete
und zufällige Bedeutung haben. Nur weil hier die Sporen
entfernter entstehen, als bei Mucor, bleibt ein Theil des
Plasma unverbraucht; daher Génération libre séparée und
contiguë. Reifung der Sporen. Keine Trennung der
Membran in Epispor und Endospor bei M. romanus. Zu-
nahme des Plasma im Innern bis zum völligen Verschwinden der centralen Lacune. Schon in der ersten Zeit dieses
Stadiums kann die Spore keimen. Während der Ausreifung
und Austrocknung wird sie etwas kleiner und ändert ihre
Form, besonders auffallend bei Rhizopus und Hydrophora;

bei ersterem entstehen während dessen Faltungen der
Membran. Der ganze Proceſs der Sporenreifung verläuft
bei M. romanus in 5—6 Stunden. — c) Phénomènes qui
suivent la reproduction. Unterdessen fährt die Columella
fort zu wachsen und verdickt sich, so daſs ihre Membran
sich bei geeigneter Maceration in mehrere Lagen oder
Blätter spalten läſst; die oberste (innerste im Sporangium)
ist die älteste, die unterste die jüngste. Diese alle setzen
continuirlich in die entsprechenden Schichten der Wand
des Fruchtstieles fort. Jede einzelne wird demnach an
der Oberfläche des Primordialschlauches ausgeschieden;
diese allein producirt Cellulose, während der Primordialschlauch der obersten oder Sporangiumzelle dergleichen
nicht abscheidet. Auch die Fruchtstiele bereichern während
der Zeit der Sporenreifung ihre Membran durch mehrere
Schichten; aber sie werden trotzdem dünner -— statt dicker
— in Folge der Dehnung. Die gröſste Streckung findet
erst nach der Reifung der Sporen Statt. — Seltener kommt
es vor, daſs die Sporenträger sich verzweigen; bald durch
auswachsende endogene Sporen, welche ausnahmsweise in
demselben sich ausbilden können und sehr groſs sind :
tubuläre Makroconidien; die so gebildeten Zweige können
selbst wieder Sporangien tragen. So bei M. caninus und
„vulgaris." Oder die Verzweigung geschieht einfach durch
Ausstülpung der originären Zellmembran, unter einer neu
entstandenen Querwand. So entsteht die Form Pleurocystis
Bon., welche C. bei M. caninus und vulgaris beobachtet
hat. Endlich kommt bei Hydrophora und Mortierella noch
eine Verzweigung der Stammspitze ohne alle Scheidewand-
Bildung vor. Die Dehiscenz des Sporangiums geschieht
bei M. romanus und den verwandten ohne inneren Druck
(seitens der Columella). Bei Hydrophora scheint dieselbe
rein zufällig zu sein, bedingt durch die auſserordentliche
Zartheit der Membran, die schon lange vor der Reifung
äuſserst leicht zerreiſst. — Im Ganzen beträgt der Zeitraum
von der Aussaat einer Spore bis zur Reifung neuer Sporen

bei M. r. 3¹/₂ Tage; eine enorme Energie der Lebensthä-
tigkeit, ohne Beispiel bei höheren Pflanzen (S. 146). —
Secundäre Formen des Mucor. Während die Hauptform
bei der Aussaat unter geeigneten Verhältnissen stets wie-
derkehrt, ist diefs bei den Nebenformen nnr ausnahmsweise
der Fall. Es sind diefs die Sporangiolen (Thamnidium)
und die endogenen oder akrogenen Makroconidien. Von
diesen kommen bei M. r. nur die akrogenen myceliären
vor, von Oidium- oder Mycogone-ähnlichem Ansehen. Die
Formationsweise ist basipetal, die älteste Spore ist die an
der Spitze stehende. Bisweilen kommt es vor, dafs nachträglich die Spitzenzelle wieder weiter wächst, wodurch
dann die Sporenkette aufhört akrogen zu sein und nun
„intercelluläre" Makroconidien bildet. Die Membran dieser
Makroconidien ist dick, indefs nicht in Blätter zu spalten.
Sie verhalten sich also in dieser Beziehung wie ächte
Sporen und reproduciren auch, wie diese, die typische
Pflanze; doch kommt es ausnahmsweise auch vor, dafs
sie statt dessen kugelige Sprossung wie die Hefe zeigen,
also Reproduction von Makroconidien zweiter Generation
ohne Zwischentreten von Mycelium. Merkwürdigerweise
können aber auch die ächten Sporen (bei M. vulgaris)
diese Sprossung zeigen! (S. 133.) Die Bildung geschieht
durch bruchartige Ausstülpung der Sporenhaut; später
folgt die Entstehung einer abschnürenden Querwand.

Kap. II. *Vie mucedinéenne.* Die hierhin gehörigen
Formen von Mucor sind : die Hefe, Penicillium, Botrytis,
Torula, ein Ascomycet. — 1) *Hefe.* Kann u. a. aus den
Sporen entstehen, indem diese bei gehinderter Fadenkeimung auf ungenügendem Substrat ihre Granulationen
in secundäre endogene Sporen umwandeln, welche sofort
in Hefeform zu sprossen beginnen (T. 6. f. 4a). [Sie
sind übereinstimmend mit der von de Bary und Rees
untersuchten s. g. normalen Fructification der Bierhefe.]
C. beobachtete diese Erscheinung bei mehreren Species
(S. 136), auch bei Rhizopus. Die Vermehrung dieser Hefe

ist äufserst rapid, zumal auf Orange. Will man solche
Hefe zur Fadenkeimung bringen, so mufs man sie etwas
trockener halten und dürftiger ernähren. Alsdann sieht
man, dafs daraus direct *Penicillium glaucum* entsteht!
Diefs ist keine besondere Pilzart, sondern eine Conidienform, welche bei allen cultivirten Pilzen unter gewissen
Verhältnissen auftritt (139), und zwar in fast identischer
Form. Aus Hefe konnte der Verf. immer nur diese Form
erzielen, niemals direct die Mucorform oder auch nur deren
charakteristisches Mycelium. Dagegen kann man aus Penicillium sehr wohl Hefe züchten, doch sind die Bedingungen dazu schwierig zu fixiren. Man sieht dann einzelne, an ihrer Farbe leicht zu erkennende Sporen des P.,
statt einen Faden zu treiben, sich am einen Ende auf-
blähen und eine Hefezelle produciren, welche sich ablöst
und durch Sprossung in gewöhnlicher Weise vermehrt. —
2) *Penicillium*form. Bei ungenügender Nahrung produciren einzelne Mucorsporen Keimfäden, welche sich sofort
septiren, auffallend dünn sind, und *Penicillium* liefern (in
einzelnen Fällen sogar ohne alle Verzweigung, die Sporenkette — sehr dürftig — direct am Ende des Keimfadens).
Diefs kommt bei Muc. vulgaris, Hydrophora und bei Rhizopus
vor; ferner bei M. caninus (sehr alte Sporen, auf Orange);
nach Coemans auch bei Pilobolus. Verf. giebt ganz bestimmt an, dafs auch das Mucor-Mycelium *direct* einzelne
Zweige mit Penicillium produciren kann (S. 142, 144,
149) und bildet solche Fälle ab (T. 7. f. 2, 3). On peut
suivre des filaments mycéliens du plus gros calibre et
encore franchement mucoréens jusqu'aux ramifications pé-
nicilliennes les mieux caractérisées (146). — Die Rück-
führung von Penicillium in Mucor kann, soweit jetzt bekannt ist, auf zwei (nur indirecten) Wegen geschehen;
darüber soll später Weiteres mitgetheilt werden. — 3) *Forme
botrytienne.* Entsteht oft neben der Hauptform des M.
rom. bei der Cultur auf Fäces und erinnert in der That
— abgesehen von den gröfseren Sporen — an Botrytis

(T. 8. f. 3). Die Entwickelung der einen Form steht, je nach den äufseren Verhältnissen, in umgekehrter Proportion zn der Anzahl der anderen Form. Die Sporen stehen meist in Dolden auf kurzen, moniliformen Specialzweigen, jedesmal eine Spore am Ende. Diese Zweiglein sind Anfangs ohne Scheidewände; ebenso die Sporen, welche aus Aussackungen der Endzellen entstehen; dieselben sind kugelrund und gelblich. Ihre Membran ist verdickt und läfst 6—8 Lagen unterscheiden. Sie keimen, wie die Macroconidien der Mucorform, mit ächtem Mucor-Mycel, ausgezeichnet durch Gröfse der Schläuche und Seltenheit der Septa; auf diesem entwickelt sich ächte Mucor-Frucht. — Bei der Aussaat auf Orangen kam die Botrytisform niemals zum Vorschein, sie scheint überhaupt Vegetabilien zu vermeiden. — Verpflanzt man junge Rasen mit Botrytis von einem thierischen Excrement auf eine Orange, so transformirt es sich weiterhin in Penicilliumfäden und producirt die entsprechenden Früchte, was einen aufserordentlichen Einflufs des Substrates verräth. — 4) *Forme toruléenne*. — 5) *Forme ascomycétienne*. Nach spiraliger Aufwickelung gewisser Fadenenden bilden sich Sporangien von Gröfse, Form, Farbe und Structur des *Eurotium* (T. 9. f. 4), doch sind darin keine Asci mit Sporen nachgewiesen worden; nur Protoplasmakörnchen kann man darin erkennen. Auch diese Form, aus weifsen Mycelmassen (Flocken) hervorgehend, entsteht nur auf stickstoffreichem Substrat oder Excrementen. Bisweilen findet man aufser dieser Fruchtform auf demselben Faden noch die gewöhnlichen, oidiumartigen Macroconidien des M. romanus, wodurch die Zusammengehörigkeit beider constatirt wird. — Auch M. vulgaris (die Botrytisform) hat gleichfalls diese gelbe Fruchtform. Das schraubenförmige Einrollungsphänomen wie oben hat C. auch bei Eurotium-Aspergillus bestätigt; er fand es ferner bei Peziza coccinea [Copulation Aliorum], und bei 50 anderen von ihm untersuchten Ascomyceten; endlich bei zwei Arten von Coprinus, deren Entwicke-

lung gleichfalls mit einer Einrollung und Segmentirung
beginne. — Endlich hat Verf. auch die Bildung von
Sclerotium oder Dauermycelium in einigen Fällen bei Mucor
beobachten können, so grofs und schwarz wie Mutterkorn.
— Die Abbildungen stellen meist die verschiedenen ge-
schilderten Formen von M. romanus vor.

10) R. Schmidt, die Fruchtlagerschwämme, die Staub-
und Schlauchpilze der Gegend von Gera (12. Ber. Ges.
Naturwiss. 1869. S. 38—43). Aufzählung von 61 Pilzen
mit Angabe des Standortes; als Fortsetzung zum 5. Jahresberichte. Anordnung nach Rabenhorst. Darunter
Sparassis crispa, Clavaria amethystina, 1 Geaster (hygrometricus), Diderma spumarioides, ? Erysibe epigaea, Cordyceps ophioglossoides.

11) J. Kühn lieferte den Nachweis, dafs die
Peronospora infestans auch an völlig unverletzten *Kar-
toffeln* (Knollen) selbst in geschlossenem Ackerboden Frucht-
äste und zahlreiche Sporen zu bilden vermag. Es ist dadurch die Möglichkeit nachgewiesen, dafs ein Umsich-
greifen der Krankheit im Boden stattfinden kann, auch
wenn der Parasit auf den Blättern nur spärlich auftritt,
und sein Vorhandensein der flüchtigeren Beobachtung sich
entzieht. Auch im Keller kommt Weiterverbreitung des
Schmarotzers (und damit der Krankheit) auf die Oberfläche unversehrter Knollen vor; an Augen und anderen
Stellen, Korkwärzchen, die Korkschale durchbrechend u. s. w.
entwickeln sich Fruchthyphen. Was die Massenhaftigkeit
der Sporenerzeugung auf den *Blättern* betrifft, so berech-
net der Verf., dafs auf einen Quadratzoll Blattfläche
deren 3 Millionen kommen (Zeitschr. d. Landw. C. V. der
Provinz Sachsen, 1870).

13) C. Birnbaum giebt eine kurze, auf das Wesent-
lichste beschränkte historische Uebersicht der Untersuchungen über die *Kartoffelkrankheit*, soweit sich dieselbe auf
die Erkenntnifs der wesentlichen Ursache — nämlich des
Kartoffelpilzes — beziehen, mit Berücksichtigung des neuer-

dings empfohlenen Gülich'schen Culturverfahrens. Er schliefst mit den Worten : „Aus dem Allen geht hervor, dafs die Ursache der Kartoffelkrankheit jetzt zweifellos erkannt ist, und dafs alle dagegen anzuwendenden Mittel nur Zerstörung oder Abhaltung des Pilzes im Auge haben dürfen. Es ist nunmehr an der Zeit, anderweitigen Erklärungsversuchen in den landwirthschaftlichen Zeitschriften den Weg zu versperren." (Georgica ed. Birnbaum II. 1. 1871. S. 73.)

13) Ad. Mayer, über Pflanzenathmung, beschäftigt sich mit der oft aufgeworfenen Frage, zu welchem Zwecke die *Hefe* den Zucker zersetze, ein Procefs, dessen auffallende Intensität und Gewaltsamkeit in keinem verständlichen Verhältnisse zu stehen scheint zu dem, was die Hefe materiell dabei gewinnt. Dafs die Hefe nicht, wie wohl vermuthet worden ist, defshalb den Zucker zersetzt, um dabei Sauerstoff zu gewinnen (die Gährung findet nämlich auch bei Abschlufs alles Sauerstoffs in der Form von Luft Statt), wird wohl Niemand annehmen, wenn er sich der Zusammensetzung des Zuckers und derjenigen seiner Spaltungsproducte bei der Gährung — Weingeist und Kohlensäure — erinnert; denn es findet hierbei kein Sauerstoffverlust Statt. Wenn es sich aber einfach um eine Verwandlung von Zucker in Cellulose handelte, so wäre überhaupt keine Spaltung des Zuckers erforderlich, sondern nur eine Umlagerung der Molekule desselben. Die Vorstellung des Verf. ist nun im Wesentlichen folgende. Die gewöhnlichen Pflanzen nehmen bei der Keimung und dem Knospenbilden Sauerstoff auf; bei dieser Oxydation werden chemische *Spannkräfte* frei, welche — umgesetzt — in Organisationskraft verwandelt und von der Pflanze verbraucht werden. Aehnlich verhalten sich die Sauerstoff aufnehmenden Mykodermen, der Essigpilz und die Mehrzahl der anderen Pilze, sowie die chlorophyllfreien Pflanzen aus höheren Abtheilungen. Aber der Hefepilz verhält sich anders. Die Hefe nimmt den Zucker

in sich auf und zersetzt oder *spaltet* denselben ; indem sie
dieses thut, gewinnt sie die dabei frei werdende chemische
Spannkraft, welche sie nun in Organisationskraft verwandelt und zum Aufbau neuer Zellen verwendet; daher fällt
bei der Hefe das Wachsthum und der Gährungsprocefs
zusammen. Die Quantität Zuckers dagegen, welche sie
dabei als Material für die neuen Zellen verbraucht, ist nur
eine minimale. So sehen wir bei der Gährung Wärme
abgegeben, ohne dafs eine äufsere Kraft, wie Licht u. dgl.,
hinzutritt. Die Gährungsthätigkeit, oder die Spaltung des
Zuckers ist aber defshalb so erstaunlich grofs, weil bei der
Spaltung von Zucker in Kohlensäure und Alkohol nur ein
kleiner Theil der in ihm enthaltenen chemischen Spannkraft frei wird; es mufs also eine um so gröfsere Menge
Zuckers zerspalten werden, um den erforderlichen Fonds
zu gewinnen. „Der Hefepilz verbraucht, während er seine
Lebensvorgänge vollzieht, und im Mafse er dieselben steigert, chemische Spannkräfte, genau wie diefs die meisten
anderen und höheren Pflanzen in der *Athmung* (Sauerstoff-
Aufnahme) thun, — überall natürlich als bewiesen vorausgesetzt, dafs Hefe-Ernährung und Gährung unzertrennliche
und im Grunde identische Vorgänge sind. Somit bietet
dieser Zerfall in dem erläuterten Sinne die gröfste Aehnlichkeit mit einer Verbrennungserscheinung dar, und man
könnte ihn vielleicht, um hieran zu erinnern, als *innere
Verbrennung* bezeichnen." (Poggd. — s. u. — S. 302.)
Die räthselhafte *Selbstgährung* der Hefe, welche man bei
ungenügender Zuckerzufuhr beobachtet, erklärt M. als
einen Aufbrauch wie durch Mycelien parasitischer Pilze,
also analog der Keimung oder Knospung höherer Pflanzen,
welche gleichfalls mit Substanzverlust verbunden sind. Es
wäre diefs demnach ein Parasitiren auf sich selbst oder
seines Gleichen. [Auch bei höheren Pflanzen kommt Analoges vor, z. B. Loranthus dichrous auf seinen eigenen
Aesten. Genau genommen ist jede Knospe ein Parasit
auf ihrem Mutterstamme. H.] (Naturforscher 1871. N 13

S. 102). — In Poggend. Annal. d. Physik CXLII. 1871. S. 293 f. gibt der Verf. eine resumirende Uebersicht seiner [bereits besprochenen] Untersuchungsergebnisse über die Hefe, worin sich derselbe als entschiedener Anhänger der vitalistischen Ansicht bekennt. Erwähnt mag hier werden, daſs auch nach seiner Ansicht „es mehrere Pilzspecies gibt, welche die alkoholische Gährung veranlassen können." Bezüglich der leichten Assimilation von Ammoniaksalzen — nicht Nitraten — durch die Hefe bemerkt M., daſs der Entstehung von Proteïnstoffen aus Zucker und Ammoniak in einem chlorophyllfreien Organismus durchaus keine theoretischen Bedenken entgegen stehen; dieselbe geht auch voraussichtlich in den chlorophyllhaltigen Pflanzen nicht unter dem Einflusse des Chlorophyll-Organs vor sich (s. dessen Lehrbuch der Agriculturchemie 1870—71. S. 151).

14) Nach Mittheilungen von Mangini hat Mandola mit bestem Erfolge gegen die Pilzkrankheit der Weinreben *(Oidium Tuckeri)* statt der Schwefelblüthe eine sicilianische Erde angewendet, welche eben so wirksam als billig war. Dieselbe verdankt wohl ihre Wirksamkeit dem bedeutenden Schwefelgehalt, 46 pC. (Wochenbl. d. Annal. d. Landwirth. Preuſsen. 1871. No. 6. S. 54).

15) Pringsheim, dritter Bericht über die von den landw. Akademien und Versuchsstationen Preuſsens (1866 —1869) ausgeführten Untersuch. üb. d. *Kartoffelkrankheit* u. das Kartoffelwachsthum. (Annalen der Landwirthsch. f. Preuſsen ed. Salviati. XXLX. Jan. 1871. S. 1—28.)

1. Wiederholung der Versuche von Speerschneider, die Kartoffelfäule durch Aussaat der Sporen des Blattpilzes (Peronospora infestans) auf gesunde Knollen zu übertragen. Birner (1867) machte Versuche mit negativem Resultat. Im folgenden Jahre übertrug er Pilzmycelium, welches sich auf der Schnittfläche kranker Knollen erzeugt hatte, auf gesunde Knollen; und diesmal mit Erfolg. — Bretschneider dagegen inficirte mit Erfolg mittelst der befallenen Blätter, und zwar schon binnen 5

Tagen. Gleichzeitig traten Spicaria und andere Fadenpilze auf. Impfung auf eine Schnittfläche gelingt sicherer, als auf die unverletzte Kartoffel. Zu demselben Resultate gelangte Peters. Derselbe beobachtete, dafs das Eindringen des Pilzes vorzugsweise durch die Keimaugen und den Nabelpunkt der Kartoffel Statt findet. Auch überzeugte sich derselbe neuerdings von der Ueberwinterung des Myceliums in den Knollen. Peters und Birner bestätigten ferner, dafs aus kranken Knollen unter Umständen völlig gesunde Stauden und an diesen gesunde Knollen sich entwickeln können; dasselbe bestätigt Stohmann. Hierüber sind weitere Aufklärungen zu wünschen.

2. Beziehungen der Beschaffenheit der Korkschale der Kartoffel zu deren Empfänglichkeit für die Ansteckung. Bretschneider fand, dafs die rauhschaligen empfänglicher sind; ihre Schale ist dicker, besteht aus mehr Zellenlagen; weifs- und glattschalige waren widerstandsfähiger; woraus B. schliefst, dafs die Dicke der Schale für die Frage irrelevant sei; wichtiger sei die Regelmäfsigkeit des Zellenbaues, wodurch die glatten Sorten ausgezeichnet waren. Die Gröfse der Knolle entscheidet über die Dicke der Borke nichts, sondern nur das Alter derselben bei ein und derselben Sorte. Das Dickewachsthum hört bei verschiedenen Sorten zu verschiedenen Zeiten auf. Die Biscuitkartoffel endigt am frühesten und hat die dünnste Schale; sie ist damit fertig schon zu einer Zeit, wo ein grofser Theil ihrer Blätter noch functionsfähig ist. Indefs variirt die Schalendicke einigermafsen bei derselben Sorte und in verschiedenen Jahrgängen. — Sorauer, welcher 73 Sorten studirte, fand die Anzahl der Zellenlagen von 5—17 schwankend. Die dünnschaligen neigen nach ihm mehr zum Erkranken.

3. Desinfectionsmittel. Sjösten's Mittel (Petroleum) mufs weiter geprüft werden. Es liegen Versuche vor von Peters, Werner, Birner, Pietrusky. Von Reidemeister wurde Schwefel angewandt, wie gewöhnlich ohne

2 *

Erfolg, da der Pilz Endophyt ist. Die meisten Desinfectionsmittel schaden, in genügender Concentration angewandt, zugleich der Kartoffelpflanze. Indefs erwähnt R., dafs er gute Erfolge (bei einem Versuche im Kleinen) gehabt habe, indem er Petroleum — auf einen langen Docht geträufelt und zwischen die Pflanzen gelegt — anwandte; auch habe sich dasselbe Mittel gegen die Krankheit der Seidenraupe bei ihm gut bewährt (Wochenbl. Annal. Landw. Preufs. 1871. No. 21. S. 183).

4. Ueber die Lebensdauer der Sporen. Nichts Entscheidendes.

5. Entlaubung als Schutzmittel. Nichts Neues. Ueber den Einflufs derselben auf die Qualität der Knolle ebenso. [Ref. hat hierüber schon früher mikroskopische und chemische Analysen bekannt gemacht, vgl. Stöckhard's Zeitschrift für die Landwirthschaft 1862. S. 115.]

16) F u c k e l, L. Die Fructification von *Rhizomorpha*. (Botan. Zeitg. 1870. S. 107.) Verf. beobachtete bei einer auf sehr faulem Buchenholz in hohlen Stämmen lebenden forma adnata der R. subcorticalis im Herbste nicht selten glänzend schwarze, etwas eingesenkte Perithecien von 1 Millim. Höhe mit kegelförmigem Schnabel, fast genau wie bei Thamnomyces hippotrichodes; nur unterscheidet sich letztere durch das haarförmige Stroma und die mehr kugelförmigen Perithecien. Im Innern findet man — nach des Verf. Auffassung — Schläuche von Sporenform, und Sporen von Sporidiolenform. Auch bei Thamnomyces kommen anderweite Asci nicht vor, sowohl nach F. als nach M o n t a g n e, welcher 3 Arten untersuchte. [Etwas anscheinend ganz Aehnliches bildet S o w e r b y (engl. fung. III. t. 298) bei seiner Rhizomorpha dichotoma ab. Im Texte ist darüber nichts gesagt. R.]

17) B r e f e l d, O. Vorläufige Mittheilung : Entwickelungsgeschichte der *Empusa* Muscae und E. radicans. (Botan. Zeitg. 1870. S. 161 f.) Verf. bespricht nach einigen historischen Andeutungen über die Fliegen-Empusa einen

von ihm genauer studirten verwandten Fall, welchen er
auf der Raupe des Kohlweifslings (Pieris Brassicae) zu beobachten Gelegenheit hatte. Die äufseren Erscheinungen
an der pilzkranken Raupe sind wenig auffällig. Die Le-
benskräfte nehmen mit der Entwickelung des Pilzes im
Leibe der Raupe allmälig ab, bis der Tod sie in langge-
streckter natürlicher Haltung gleichsam überrascht. Der
abgestorbene Körper ist starr und aufgedunsen. Etwa
einen Tag nach dem Tode bricht plötzlich der Pilz auf
dem ganzen Körper aus und hüllt die Raupe in Form eines
schmutzig-weifsen, in's Grünliche schimmernden Schimmels
völlig ein. Er wirft grofse Massen von Sporen in die
Umgebung und sinkt schon nach wenigen Stunden um
die unkenntlichen Ueberreste der Raupe zusammen. Die
Sporen haben eine beiläufig spindelförmige Gestalt; in
Wasser gebracht, keimen sie alsbald unter Bildung eines
Schlauches, in welchen ihr Inhalt übertritt; an ihm bildet
sich, wenn wenig Wasser zugegen ist, eine secundäre
Spore auf feinem Faden, welche in die Luft ragt und selbst
wieder (unter Wasser gebracht) einen Keimschlauch treibt,
ähnlich den Uredineen und Peronosporeen. Bringt man
die Sporen äufserlich auf gesunde Raupen, so gehen diese
binnen 6 Tagen an der Infection durch die Pilzkrankheit
zu Grunde. Innere Infection (durch Fressen von Sporen)
scheint nicht Statt zu finden. Die Sporen keimen nämlich
auf der Haut, einzelne treiben Secundärsporen, die meisten
aber Keimschläuche, welche direct in die Haut eindringen,
bald gerade, bald schief oder in Windungen; an der Ein-
trittstelle zeigt die Haut einen braunen Hof; innen erreicht
das Ende des Keimfadens etwa am dritten Tage den Fettkörper, wo es dicke Aeste aussendet und ein mächtiges
Mycelium ausbildet, das den ganzen Fettkörper erfüllt.
Die fortwachsenden Enden treten frei in das Blut, wo
dann kleine Seitenäste sich *ablösen* und im Körper weiterhin sich verbreiten und allmählich das Blut anfüllen; bis auf
Darm und Tracheen nehmen sie den ganzen Körper ein,

der hierbei erstarrt. Zwischen den Beinen treten dann die ersten Spuren des ausbrechenden Pilzes auf, und zwar als Bündel paralleler Zellenhyphen. Sie fructificiren nicht, und werden als Haftorgane aufgefaßt. Die Sporenträger dagegen treten an der ganzen Oberfläche hervor, sie hängen mit dem inneren Mycelium continuirlich zusammen, wie man am Querschnitte von Raupen sehen kann, welche einige Wochen lang in absolutem Alkohol gelegen haben. Die Hyphen verzweigen sich, bilden kurze, durch ein Septum getrennte Endäste, welche durch einfache Ausstülpung an ihrem Ende die Spore erzeugen, die durch Aufplatzen des Sterigma sammt dessen Inhalt abgeschleudert wird, wie bei Pilobolus. Neue Sterigmen erfüllen die Stelle des geplatzten, und der Proceß der Sporenbildung geht auf diese Weise bis zur Erschöpfung des Fruchtmyceliums fort. In wenigen Stunden ist der Pilz abgelebt, und nur grofse Sporenhaufen umgeben die verschrumpften Raupenreste. — Die Anwesenheit eines thierischen Parasiten in der Raupe (Pteromalus puparum) verhindert die Entwickelung dieses Pilzparasiten. Dasselbe gilt bezüglich der Tachinen. Der Pilz konnte auf *Fliegen* übertragen werden, wo sich die weifse Fläche des Unterleibes als die geeignetste Infectionsstelle erwies. Näheres darüber ist nicht angegeben.

Untersuchung des gewöhnlichen Fliegenpilzes, Empusa Muscae. — Die Sporen sind glockenförmig und keimen zum Theil sofort; bald mit Keimschläuchen, bald mit secundären Sporen, letztere auf einem kurzen Zweige in die Luft ragend. Die Secundärsporen keimen wie die Mutterspore, wenn sie genügende Feuchtigkeit finden. Die Infection gesunder Fliegen geschah am sichersten durch Zusammensperren solcher mit kranken im Stadium des Sporenwerfens. Auch hier treten die Keimschläuche unter Bräunung in die Haut, innerhalb deren sich kein verbundenes Mycelium, sondern einzelne Zellen bilden. Man untersucht sie am besten in schwacher Kochsalzlösung

(0,6 pC.); in reinem Wasser wird die Spitze des Keim-
schlauchs sofort zerstört. Dieser bildet eine grofse Zelle,
welche sich durch *hefenartige Sprossung* vermehrt; die
Tochterzellen trennen sich und siedeln sich im Fettkörper
an, wo sich dieselbe Vermehrungsweise zum öfteren wiederholt. Die einzelnen Zellen gelangen in das Blut und
so in den ganzen Körper. Endlich hört diese Vermehrung
auf, und die Pilzindividuen wachsen an einem oder beiden
Enden schlauchartig aus. Hiermit tritt am fünften oder
sechsten Tage der Tod der Fliege ein. Das eine Ende
des Schlauches schwillt keulenförmig an und durchbricht
dann in Cylinderform die Fliegenhaut; die Spitze wird
zur Kugel und gliedert sich endlich in Glockenform ab;
der Schlauch platzt, und die aufsitzende Spore wird mit
seinem Inhalte abgeschleudert. In diesem Plasma, nicht
aber in Wasser, vermag die Spore zu keimen. Dasselbe
wiederholt sich bei den Secundärsporen, wodurch die
Haft- und Ansteckungsfähigkeit erklärt wird. — Mit
dem Zusammensinken des Schlauches füllen neue seinen
Platz aus; das Sporenwerfen dauert zwei Tage, bis der
Leib erschöpft ist. Jeder Schlauch endet mit der Bildung
einer Spore, mit der er seinen Inhalt entleert; seine Reste
finden sich in dem Fliegenleibe in zersetzter Form vor.

Durch Cultur des Fliegenpilzes in Wasser erhält man
Gebilde, welche der *Achlya* ähnlich, aber nicht identisch
sind; sie haben keine Zoosporen. „In den vereinzelten
Fällen, wo ein so trefflicher Beobachter wie Cienkowski
die Achlya gefunden hat, wird sie sich in seine Cultur
eingeschlichen haben, wo sie in ihren vegetativen Fäden
von dem Fliegenpilze nicht zu unterscheiden war." Eine
Beziehung zu *Mucor* wird nicht statuirt, ohne Angabe be-
züglicher Culturversuche. Der Raupenpilz soll Empusa
radicans heifsen. — Während hiernach Empusa zumeist
den Fettkörper befällt und unter Erstarrung das befallene
Thier binnen 4—8 Tagen tödtet, so inficiren die anderen
insectentödtenden Pilze (Botrytis Bassii, Isaria und Cordi-

ceps) das Blut, und der Tod erfolgt binnen 9—14 Tagen
unter Collapsus; nur das Blut ist zum Theil erfüllt mit
den Conidien des Pilzes; ohne hinreichende Feuchtigkeit
trocknet der Körper mumienartig ein, unbeschadet der
Lebensfähigkeit des Pilzes in ihm; auf feuchtem Substrat
verzehrt der Pilz die ganzen Leibestheile, bläht den Körper
auf und bricht dann hervor. — Die Arbeit ist noch einmal
ausführlicher und mit Abbildungen publicirt in den Abhandl. d. naturf. Ges. zu Halle XII. 1. 1871. (T. 1. 2 :
Entom. radic. — T. 3. 4 : Empusa Muscae.)

18) E. Fries, Icones selectae *Hymenomycetum* non-
dum delineatorum, sub auspiciis Reg. Acad. scientiarum
Holmiensis editae. Holmiae apud Salmsen et Wallin. (Cf.
Myk. Ber. I. f. 1869. S. 74.) Das 4. Heft enthält : Agaricus (Tricholoma) unguentatus, A. Tr. atrocinereus, A. Tr.
saponaceus (duplex forma), A. cartilagineus, A. Tr. ely-
troides, A. Tr. virgatus, A. Tr. loricatus, A. Tr. amicus,
A. Tr. sudus, A. Tr. compactus, A. Tr. panaeolus, A. Tr.
patulus, A. Tr. caelatus, A. Tr. lascivus, A. Tr. inamoenus,
A. T. ionides v. persicicolor, A. Tr. paeonius, A. Tr. carneus. (Bot. Ztg. 1870. S. 289.)

19) J. Klein, Hauptergebnisse meiner Unters. über
Pilobolus (Bot. Ztg. 1870. S. 385). Verf. vereinigt die
Coemans'schen Arten : crystallinus T. und oedipus M.
unter crystallinus Klein, und stellt eine neue Art : microsporus Kl. auf. Das Mycelium zeigt ein System von
Hauptästen, welches nie Querwände besitzt. Der Inhalt
desselben ist in strömender Bewegung. Es entstehen an
den Hauptästen Anschwellungen, bei der einen Art am
Ende der Aeste, bei der anderen in deren Verlaufe; aus
ihnen wachsen die Fruchtträger hervor. Das Sporangium
wird etwas abweichend von Coemans beschrieben; im
reifen Zustande wird die Sporenmasse von einer zarten,
farblosen Membran (Sporenhülle) eingeschlossen, welche
oben von der schwarzen Sporangium-Membran nur kappen-
artig bedeckt ist; sie sitzt der Columella auf. — Im Innern

der Fruchtträger fand K. doppeltkeulige Stäbchen (ähnlich
den Handeln der Turner) von oxalsaurem Kalke, ferner
Krystalloide, in alkoholischer Jodlösung zusammenschrumpf-
end, in Kali löslich. Ganz wie bei Mucor werden die
farblosen Zellmembranen durch Jod in Jodwasserstoff weinroth gefärbt. Die Sporen des P. cryst. bringen in Frucht-
säften eine *Mucor*-Fructification. Ausführliches mit Abbildungen in Verhandl. d. zool. bot. Ges. Wien. XX. 1870.
S. 547—569. Abgebildet sind hier T. IX. fig. 1—9 :
Pilobolus crystallinus; fig. 10—14 : P. microsporus; fig.
17—21 : Bulbothamnidium elegans. — Taf. X. fig. 1—17 :
Botrytis cinerea; fig. 18—20 : Ascobolus elegans. — Die
beobachteten Arten entstanden auf Pferdemist, einmal
wurde P. cryst. auch auf Ziegenmist gefunden. Die Sporen
auf ausgekochten Pferdemist ausgesäct, brachten wieder
dieselbe Pflanze. Die Sporen sind elliptisch bis kugelrund
und von verschiedener Gröfse. — Oft kommen beide Species
von Pil. auf demselben Substrate nach einander vor. Auch
erscheint vorher wohl noch Mucor Mucedo. Einmal fand
sich auch Thamnidium elegans (zu vorigem gehörig), und
das neue Bulbothamnidium mit elliptischer Anschwellung
des Hauptstammes unter der Spitze; auch die secundären
Zweige zeigen solche Anschwellungen. Es wird als neue
Sporangiolenform desselben Mucor aufgefafst. — Später,
nach Ableben des Pilobolus, erscheint Coprinus stellaris,
oft monatelang. Diesem folgt endlich fast ausnahmslose
die Sphaeria stercoraria Fuck. Auch die angeblichen
Chlamydosporen des Pil. hat K. beobachtet, konnte aber
— gegen Coemans — einen organischen Zusammenhang
mit dem Pil. nicht erkennen; er hält ihn für eine Neben-
form von Ascobolus, wegen der auffallenden Aehnlichkeit
mit dessen Chlamydosporen. Vielleicht gehören auch die
Sphaeria und der Coprinus genetisch zusammen. — Ueber
Botrytis cinerea P., häufig in Gewächshäusern. Beim
Keimen wird das Episporium mitunter abgestreift wie eine
Schale. Ein eigenthümlich abnormes Wachsthum der

initialen Fruchthyphen wird ausführlich beschrieben, welches damit endigt, daß sich eine aus kurzen, verklebten Fäden und Aesten gebildete Quaste bildet. Was aus derselben weiterhin wird, ist unbekannt. Dieser Uebergang eines Fadenpilzes in einen Zellkörper erinnert an Coremium. Vielleicht sind sie Anfänge der zu Botrytis gezogenen Peziza Fuckeliana. — Bezüglich des *Ascobolus* elegans u. sp. wird erwähnt, daß die Sporen um das Vielfache an Größe variiren können. — Endlich wird bez. der *Bierhefe* bemerkt, daß der Verf. die Rees'schen Ascosporen nicht züchten konnte. Dagegen entstand Dictyostelium mucoroides Brefeld.

20) J. Walz, Beiträge zur Kenntniß der Saprolegnieen. (Bot. Ztg. 1870. No. 34. Taf. IX.) — *Sapr. de Baryi* n. sp. Die Thallusfäden (das Mycelium) sind ausnehmend zart und leben in den Zellen der Spirogyra densa; sie sind verzweigt, ungegliedert, und wandern von Zelle zu Zelle im Wirthe weiter, endlich eine Strecke in's Freie hinaus, und weiterhin gelegentlich wieder in einen anderen Spirogyra-Faden. An sehr kurzen Seitenzweigen bilden sich sporenartige Körper, welche sich von der Tragbyphe abschnüren und im Wasser sofort keimen, um alsbald mit ihrem Keimfaden in eine Spirogyra-Zelle einzudringen, — also Conidien. Außerdem bilden sich Zoosporen und Oosporen. Die Behälter der ersteren (Zoosporangien) entwickeln sich im Innern der Zellen des Wirthes, durchbohren mit ihrem Schnabel deren Wand; letztere öffnet sich und entläßt die Zoosporen in's Freie. Im Uebrigen bilden dieselben eine kleine, kugelförmige Blase, welche auf einem dünnen Faden sitzt. Die Zoosporen sind sehr kleine Kügelchen und entstehen in Mehrzahl, anscheinend simultan. Das Austreten derselben geschieht in der Form langsamen Ausfließens, unter Wirkung des Wasserdruckes und der Wand-Elasticität ihres Behälters. Sie besitzen eine Wimper und einen Zellkern. Auch diese Zoosporen dringen, ohne Keimschläuche zu treiben, durch die Zell-

wände des Wirthes von aufsen her, und zwar unter Aussendung eines Fortsatzes, nach Innen; im Innern angelangt werden sie oval und treiben einen neuen Faden. — Die Geschlechtsorgane endlich entwickeln sich auf demselben Thallus, wie die Zoosporangien, und zwar etwas später; sie ähneln denen von Pythium monospermum Pr. Die Oogonien sind kugelig, bilden im Innern eine Befruchtungskugel; die Antheridien sind längliche Blasen, welche aus demselben Faden aus einem Seitenaste entspringen, sich anlegen, einen Fortsatz oder Schnabel in das Oogonium treiben, und mehrere Samenkörper entleeren; ihr Zusammenfliefsen mit der Befruchtungskugel wurde nicht beobachtet. Unterdessen umgibt sich letztere mit einer Zellwand und wird so zur (einzelnen) Oospore; durch Jod und Schwefelsäure wird ihre Membran violett; normal ist dieselbe hellbraun.

Die Pflanze steht also in der Mitte zwischen Pythium und Saprolegnia, doch letzterer näher. Sie veranlafst die Chlorophyllmassen des Wirthes zur Contraction und verfärbt dieselben in Schwarz oder anderswie; endlich gehen die Zellen zu Grunde.

Pythium proliferum Schenk und *Pythium globosum* Schenk. Erstere bildet im Inneren von Algenzellen rosenkranzförmige Fäden, aus elliptischen Zellen zusammengesetzt. Jedes Glied wird zu einem Zoosporangium und schickt einen Hals durch die Zellwand der Alge in das Wasser hinaus. P. globosum dagegen ist einzellig, entspricht vollkommen einem Gliede des vorigen, und wandelt sich ganz in ein Zoosporangium um. — Die Zoosporen von P. proliferum, auf einer Algenzellwand angelangt, treiben einen Fortsatz durch dieselbe und schlüpfen so hinein, um im Innern einen Faden zu bilden, der sich später einschnürt und Scheidewände erhält. — Die Zoosporen selbst bilden sich in dem ausgetretenen Plasma vor dem Halse ihrer Mutterzelle, umgeben von einem Sacke, und zwar succedan. Uebergänge verbinden übrigens diese

Art mit P. globosum Schenk. (d e B a r y hat eine ganz andere Art unter demselben Namen proliferum beschrieben, wefshalb der Name globosum vorgezogen wird.)

Ueber die Conidien der *Saprolegnia dioica* Pringsh. Physiologisch ähnliche Organe, wie die in der ersten Abtheilung unter diesem Namen beschriebenen. Sie entstehen einzeln in einer dicken, kugeligen Anschwellung eines Fadenendes; jede einzelne fällt mit der Hülle ab, um durch eine neue in basipetaler Folge ersetzt zu werden. Sie keimen nach einiger Zeit durch Ausstülpung eines Fadens. (Die sog. Brutzellen dieser Pflanze dagegen bilden sich durch Scheidewände, am Ende oder im Verlaufe des Fadens, ihre Membran ist nicht, wie dort, geschichtet.)

Abgebildet sind T. 9. fig. 1—12 : Sapr. de Baryi; fig. 13—19 : Pyth. globosum W.; fig. 20, 21 : Sapr. dioica.

21) *Erbario crittogamico italiano*, publ. da G. d e N o t a r i s e F. B a g l i e t t o. Serie II. Genova. Gennajo 1871. Enthält im fasc. VII (Nr. 301—350) folgende Pilze : 337, Agaricus ostreatus macropus Bagl. 338, Ag. conspersus Pers. 339, Schizophyllum commune Fr. 340, Polyporus sulphureus Fr. 341, Corticium coeruleum Fries. 342, C. amorphum Fr. 343, Geaster tunicatus Michelianus Erb. critt. 344, Lycoperdon dermoxanthum Vitt. 345, Tulostoma mammosum Fr. 346, Delastria rosea Tul. 347, Crucibulum vulgare Tul. 348, Lycogala epidendron Fr. 349, Peronospora densa Rbh. 350, Uromyces Ervi Westend.

(Nach Nuovo Giorn. bot. it. III. no. 1. p. 95.) Auf S. 96 ist die Var. Agar. ostr. macropus beschrieben.

Im fasc. VIII. Nr. 351—400 folgende Pilze: 388, Hydnum graveolens Delastr. 389, H. zonatum Batsch. 390, Calosphaeria princeps Tul. 391, Sphaerella disseminata dNt. et Carest. 392, Sph. Lamprocarpi Passr. 393, Dothidea Sambuci Fries. 394, Homostegia filicina dNt. 395, Diplodia Yuccae Watdp. 396, Hypoderma virgultorum DC. 397, Peziza tephromelas Pass. 398, Puccinia Bistortae Fuck. 399, Melampsora Euphorbiae Cast. 400, Aecidium Calystegiae Cast.

Die Diagnosen der neuen Species (Sphaerella dissem. und Lamprocarpi, Homostegia fil., Peziza [Belonidium] tephr.) sind abgedruckt in Nuovo Giornale bot. ital. III. Heft 2. 1871. p. 197. — Das IX. Heft enthält No. 401—450. Darunter Pilze : 436 f. Calocera viscosa, Clavaria flavipes, Lycoperdon pyriforme, Propolis Holoschoeni dNt., Epichloe typhina, Amphisphaeria conica dNt., Sphaeria Mesascium dNt., Leptosphaeria herpotrichoides dNt., Rhaphidophora fruticum dNt., Erysiphe Montagnei, Coleosporium Rhinan-thacearum, Uromyces Hedysari obscuri C. P., Tilletia de Baryana F., Ustil. Ischaemi F., U. Carbo Cynodontis Pass. (Ib. 321, — auf S. 322 ist die Beschreibung der Propolis Holoschoeni dNt. mitgetheilt). — Heft X enthält No. 451 —500. Darunter Pilze : 490 f. Marasmius scorodonius, Melogramma spiniferum dNt., Homostegia striola, Sphae-rella tirolensis allosuricola Awd., Podosphaera Kunzei, Septoria Hederae Dsm., Ustilago urceolorum, Cystopus cubicus, C. Portulacae, Uromyces Erythronii Pass., U. Primulae Lév. (Ibid. p. 323; auf p. 325 die Beschreibung der Homostegia striola Erb. cr. it.)

22) G. Passerini, Spigolature nel campo della flora italiana (ebenda p. 167). Darunter : Puccinia Torquati n. sp. mit Abb. p. 170; nebst Aecidium auf Smyrnium olus atrum L.; Capitularia Linckii forma Fabae. Andere Formen sind Polygoni Rabh., Umbellatarum (C. Linckii Rbh., Uredo macropus Lk.) und Silencos (myelospora Ces.).

23) J. Kühn, eine Krankheit des Timotheegrases (Phleum pratense). Selten sind Rost und Mutterkorn; in Oberschlesien trat massenhaft und verderblich Sphaeria ty-phina P. auf. (Stadelmann's Zeitschr. Landw. Ver. Sachsen. 1870. No. 12. S. 331.)

24) J. Kühn, über die Erfolglosigkeit des Schwefelns als Mittel gegen den Kartoffelpilz. (Ibidem N. 4. 1870.) Gegenüber den Empfehlungen Reidemeister's erwähnt der Verf. seine eigenen Versuche aus dem Jahre 1864, welche ungünstig ausfielen, entsprechend dem Umstande,

dafs der Pilz ein Endophyt ist und nicht auf die Oberfläche beschränkt lebt, wie der Traubenpilz. Er beobachtete
sogar, dafs von den Fruchtstielen oder Hyphen des Pilzes
an manchen Stellen die aufgestreuten Schwefelpartikelchen
beim Heranwachsen in die Höhe gehoben wurden, ohne
dafs diefs der Entwickelung von Sporen Einhalt gethan
hätte. Die Zahl der erkrankten Knollen war überdiefs
nicht kleiner, als anderwärts. [S. auch des Ref. Versuche
in Stöckh. Zeitschr. f. d. Landw. 1862. S. 117. XIII.]

25) H. W. Reichardt, eine neue *Polystictus*-Art
aus Ostindien. (Zool. Bot. Ges. Wien. 1. Dec. 1869. S. 876.
Jahrg. 1870.) Aus der Gruppe der Polyporeen von Malacca.
P. Ransonnetii R. aus der Section Discipedes.

26) H. W. Reichardt, Botanischer Theil der Reise
I. M. Fregatte *Novara* um die Erde. Band 1 : Pilze,
Leber- und Laubmoose, mit 17 Tafeln. Wien 1870. 4⁰. —
Enthält auf S. 133 ff. neben mehreren auch *bei uns* ver-
tretenen Arten (Arcyria punicea in Neuholland, Stemonitis
fusca auf Tahiti, Scleroderma vulgare ebenda, Lycoperdon
Bovista von Java, Crucibulum vulgare auf Neuseeland,
Exidia auricula Judae auf Madeira, Polyporus lucidus von
den Nikobaren, Tahiti u. s. w.; betulinus von Neuseeland,
Schizophyllum commune von Brasilien, Neuseeland, um
Auckland; Coprinus radiatus, Nectria cinnabarina aus Brasilien; Hypoxylon concentricum aus Tahiti, Xylaria Hypoxylon von Neuholland u. s. w.), sowie *sonst bekannten*
exotischen Pilzen (z. B. Polyporus sanguineus aus Brasilien,
Java, Neuseeland; Zasmidium [Antennaria] scoriadeum aus
Neuseeland und Brasilien [Byssus atropurpurea Lechler's],
Cordyceps Robertsii aus Neuseeland) zahlreiche *neue Arten*
und eine neue Gattung; nämlich Lycogala leiosporum R.
(t. 20. fig. 1), Polysaccum leptothecum (t. 20. fig. 2), La-
siosphaera Fenzlii (t. 20. fig. 3 unter dem Namen Erio-
sphaera F.), aus der Verwandtschaft der Lycoperdaceen,
Pterula tahitensis, Hydnum grisco-fuscescens (t. 21. fig. 1),
Trametes aphanopus (t. 21. fig. 2), Tram. Rhizophorae

(t. 22. fig. 1), Polyporus (resup.) Fatavensis, P. (apus) Jelinekii (t. 22. fig. 2), Panus tahitensis, Lentinus umbrinus (t. 22. fig. 3), L. nicobarensis (t. 23. fig. 1), Hygrophorus Hochstetteri (t. 23. fig. 3 als Cortinarius), Marasmius micropilus (t. 23. fig. 2).

Die Beschreibungen, welche in üblicher Weise den lateinischen Diagnosen folgen, sind deutsch; die Abbildungen geben den Habitus und das analytische Detail, namentlich die Sporen; sind übrigens schwarz.

27) Brébant, le charbon ou fermentation bactéridienne chez l'homme; physiologie pathologique et thérapeutique. Paris, Delahaye. 2 Fr.

28) J. v. Liebig, über *Seidenraupenkrankheit* (Annal. der Chem. u. Pharmacie CLVIII. April 1871. S. 92 u. 96). Auf Grund chemischer Analysen von *Maulbeerblättern* aus Turkestan durch E. Reichenbach, wo die Seidenraupenkrankheit nicht vorkommt, und wobei sich ein auffallend reicher Stickstoffgehalt ergab, ermahnt L., die Bäume sorgfältig zu düngen, wie es im östlichen Asien üblich ist. „Es spricht eine Menge von Gründen dafür, dafs die Pilzkörperchen, die man in der Regel als die alleinige Ursache der Krankheit der Raupen ansieht, in mangelhaft ernährten Thieren den eigentlichen Boden für ihre Entwickelung und Verbreitung finden. Es ist schon Recht, dafs man die Eier mikroskopisch untersucht und diejenigen von der Zucht ausschliefst, unter denen sich solche befinden, welche die Anzeichen der Krankheit bereits an sich tragen; allein der Grund des Uebels wird damit nicht entdeckt, auf dessen Kenntnifs zuletzt Alles ankommt." Bei dieser Gelegenheit wird (nach Cresseri in Castel Pietro bei Trient) mitgetheilt, dafs an diesem Orte die Maulbeerbäume von einer ansteckenden Krankheit befallen sind, welche die Zukunft der ganzen Crescenz zu bedrohen scheint, und damit die Seidenzucht. Der Baum stirbt ab und steckt auch noch die benachbarten Bäume an; das Feld wird für diese Species unfruchtbar. Zuerst werden die Wurzeln ergriffen,

auf denen sich ein kleiner Pilz wahrnehmen läfst. Feuchtigkeit oder Trockenheit des Standortes scheint ohne Einflufs.

29) Schulzer v. Müggenburg. Mykologische Beobachtungen aus *Nord - Ungarn* im Herbste 1869. (Verhandl. d. zoolog.-botan. Gesellschaft zu Wien. 1870. XX. S. 169—210.) Unter obigem Titel hat der Autor eine mykologische Reise nach der Dolina (Saroser und Zipser Comitat) besprochen und die dort gefundenen Pilze aufgezählt. Es sind 218 Species, wovon 180 Hymnomyceten, da er auf diese hauptsächlich sein Augenmerk richtete. Unter diesen 218 Arten finden wir 56 neue, also 26 pC., gewifs äufserst merkwürdig für eine Gegend, welche auch der verdienstvolle Kalchbrenner schon durchstreifte. Die neuen Arten, welche übrigens nur mit deutschen Diagnosen versehen sind, vertheilen sich auf 1 Balsamia, 1 Helvella, 2 Boletus, 3 Hygrophorus, 3 Lactarius, 2 Cortinarius und 44 Agaricus. Viele, ja wohl die meisten Arten sind aber nur nach hinfälligen und äufserst variabelen Merkmalen aufgestellt, und dürften wohl schwerlich eine strenge Kritik vertragen. Was aber ganz entschieden strengstens zu mifsbilligen ist, das ist die hier obwaltende Art der Namengebung. Mit wenig Ausnahmen sind alle Speciesnamen nach Personen gewählt, und zwar zumeist nach Personen, welche mit Botanik gar nichts zu schaffen haben, demnach auch keinen Anspruch auf Verewigung in unserer Wissenschaft machen können. So figuriren z. B. der Abgeordnete Franz Deak, der Honved-General Pulsky, der Bergrath Pettko, die ungarischen Minister Miko und Lonyay, mehrere Ministerial-Secretäre, ein Gutsbesitzer u. a. m. darunter; 4 Species sind sogar nach Taufnamen gewählt : Theclae, Augusti, Josephi, Edmundi. Dabei sind eine ganze Anzahl Namen, die nur Derjenige auszusprechen vermag, welcher der magyarischen Sprache mächtig ist. Jedenfalls dürfte der Herr Autor, — dessen Standpunkt als Mykolog am besten dadurch gekennzeichnet wird, dafs

er B o n o r d e n weit über T u l a s n e stellt —, nicht zu Viele
finden, welche solche Arten und besonders solche Namen
anerkennen. Darum möchten wir ihm für die Zukunft
wenigstens den Rath ertheilen, manchmal des N y l a n d e r'-
schen Ausspruches sich zu erinnern : nomina personalia
non amo.

Soweit nach einem Referate — unterzeichnet Th....n
— in der Botan. Ztg. 1870. S. 630.

Obiger Rath wird leider nichts helfen ; denn ein gleicher Rath, welchen ich dem Verf. schon vor Jahren bezüglich seiner Tauf-Manie gab, hat dieselbe eher gesteigert,
als vermindert. Es scheint hier eine forma pseudo-patrio-
tica vorzuliegen. Vgl. Bot. Ztg. 1866. S. 233.

Vorherrschend im betreffenden Gebiete sind Waldungen
aus Rothtannen und Rothbuchen, meist gemischt. Verf. be-
rücksichtigte zumeist die Hymncomyceten, welche massenhaft
vertreten waren. Die Abbildungen und Beschreibungen der
dem Verf. neuen Arten, sowie auch dessen früher abgeschlosse-
nes Werk mit 1700 Species, befinden sich in der Akademie
der Wissenschaften in Pest. Erwähnt seien hier folgende.
Balsamia(?) fusisporan. sp. mit ausführlicher Beschreibung. '
Chaeromyces meandriformis. Geaster mammosus. Craterellus
cornucopioides. Hydnum repandum. Merulius aureus Fr. auf
Lärchenholz der Wohnungen. Polypor. fomentarius auf
Rothbuchen. Polyporus vernus S-r v. fascicularis Schrad.
Boletus depressus n. sp., essbar. Bol. Theclae (it.), der
„Grundfrau Thecla von Berzeviczy" zu Ehren benannt.
Schizophyllum commune. Hygrophorus pratensis totus fla-
vescens. Hyg. (Limacium) Ipolyü S., Hyg. (Lim.) Haz-
slinskyi S., Russula alba S., rugosa S., Pauli S., Aranyi S.,
Lactarius Dorneri S., Cortinarius Szaszi S., Deaki S., Szaboi,
Agar. (Coprinarius) Thani S., (Psathyrella) fimetosus S.,
(Ps.) gracilis minimus S., (Panaeolus) Mengerszenii S.,
(Pan.) fragilissimus S., (Pratella) Mikoi S., (Hypholoma)
Szaboi, (Psalliota) flavidulus S., (Naucoria) Romeri S., Di-
valdi S., Toldyi S., Kalchbrenneri S., segestrellus Fr.

34

β subumbonatus S., (Flammula) Lonyayi S., Gyulaii S.,
(Hebeloma) fastibilis β subumbonatus S., Zsigmondyi S.,
Sztoczelli S., Augusti S., (Inocybe) Pulszkyi S., (Pholiota)
Haynaldi S., Hyporhodius (Leptonia) Edmundi S., Frauen-
feldi S., nefrens Fr. β extrius S., (Entoloma) Jedliki S.,
Hantkeni S., (Pluteus) Margoi S., Leucosporus (Mycena)
supinus Fr. β subcarnosus S., purus β obtusus S., (Collybia)
Dolinensis S., carpathicus Kalchbr. β pileo laevi S., Polyai
S., Howathi S., Henszelmanni S., (Clitocybe) Nendtvichi S.,
Pettkoi S., Dukai S., tuberculatus S., Kubinyi S., (Tricholoma)
Schenzli S., striatipes S., Gonczyi S., dulcissimus S., Csen-
geryi S., Baloghi S., quinquepartitus Lin. β inconstans L.,
Jendrassiki S., Hunfalvyi S., Josephi S., (Lepiota) Pelta
S., Frivaldszkyi S.

30) Tarrade, A., des principaux champignons co-
mestibles et vénéneux de la flore limousine, suivi d'un
précis des moyens à employer dens les cas d'*empoisonne-
ment* par les champignons. Paris, Baillière et fis. fr. 3. 1870.

31) Lewis, Unters. über den *Cholerapilz*. Auf Grund
seiner in Ostindien angestellten Beobachtungen kommt L.
zu dem Ergebnifs, dafs die Hallier'schen Angaben einer
realen Bedeutung entbehren, dafs die von Demselben un-
terschiedenen Organismen nicht pathognomonisch seien.
Dagegen fand er in dem Grundwasser an inficirten Loca-
litäten allerlei Algen und Infusorien, von welchen er einen
Zusammenhang mit der Seuche vermuthet. (Aus Nature.
16. March 1871, — im Naturforscher 1871. S. 160.) Die
allgemeinen Schlüsse dieser Untersuchung sind : 1) dafs
keine Cysten in den Cholera-Entleerungen enthalten sind,
die nicht auch unter anderen Bedingungen vorkommen.
2) Dafs Cysten oder Sporangien von Pilzen sehr selten
unter irgend einem Umstande in den Leibes-Entleerungen
gefunden werden. 3) Dafs kein besonderer Pilz sich in
Cholera-Entleerungen entwickelt, und der von Hallier
beschriebene Pilz sicherlich nicht auf diese beschränkt ist.
4) Dafs keine Entwickelung thierischer Organismen vor-

handen ist, die in Betreff ihrer Natur oder verhältnifs-
mäfsigen Menge der Cholera eigenthümlich sind, da dieselben Organismen in stickstoffhaltigen Substanzen auch
aufserhalb des Körpers entwickelt werden können. Endlich 5), dafs die vermeintlichen Trümmer des Darmepithels
nicht aus dieser Quelle stammen, sondern von ausgetrete-
nem Blutplasma herzurühren scheinen. — Wenn diese
Schlüsse nicht durch weitere Untersuchungen modificirt
werden, so mufs man durch sie Hallier's Theorie von
der Cholera für widerlegt halten. Aber selbst wenn Lewis'
weitere Untersuchungen ergeben sollten, dafs Hallier's
Pilz in Cholera-Stühlen und im kranken Reis constant
vorkommt, so müssen wir doch noch den wissenschaftlichen
Beweis dafür fordern, dafs die Cholera durch die Wirkung
dieses Pilzes veranlafst wird und nicht durch etwas An-
deres. — Pettenkofer's Theorie der Cholera bringt das
Herrschen der Krankheit, neben dem Vorhandensein eines
Keims, in Zusammenhang mit gewissen Zuständen der Bo-
denausdünstung und des Grundwassers, mit günstigen me-
teorologischen Verhältnissen und mit persönlicher Prädis-
position. Bisher ist in Betreff dieses Theils der Cholera-
Untersuchung noch wenig gethan. Aber das Erforschte
ist sehr interessant und stützt diese Theorie keineswegs.
Hierauf bezügliche Beobachtungen sind angestellt in Alla-
habad, Cownpore, Lucknow, Fyzabad, Agra, Morar, Mee-
rut und Peshawur. Die Grundwasser-Untersuchungen
scheinen nicht die Pettenkofer'sche Theorie zu stützen;
aber die Prüfung des Bodens hat manche wichtige Thatsachen von allgemeinem Interesse ergeben. Die Menge
der Luft in Bodenproben, die aus verschiedenen Stationen
genommen wurden, schwankt nämlich von 33 bis 60 pC.
Die Menge organischer Substanz ist, wenn sie dem Gewichte nach mit der des Wassers auf derselben Station
verglichen wird, 10 bis 20 mal gröfser; in einem Falle
war sie sogar 40 mal gröfser. Aber die interessantesten
wissenschaftlichen Thatsachen sind diejenigen, welche das

36

Vorhandensein *niederer Lebensformen* in Wasser-Aufgüssen
des Bodens ergeben. Neben wenig Algen sind die vor-
herrschenden Formen: Monas lens, Paramaecium, Moneren
in den phantastischten Gestalten, Vibrionen, Amoeba,
Euglena u. s. w.

32) A. Pitra, zur Kenntnifs des *Sphaerobolus* stellatus.
(Bot. Ztg. 1870. S. 681. Taf. 11.) Der Anfangs kugelige
Pilz scheint seine erste Entwickelung im unterliegenden
faulen Holze zu durchlaufen und dasselbe dann derart zu
zersprengen, dafs kleine Fetzen desselben an verschiedenen
Stellen seiner äufseren oder mycelialen Hülle anhaften.
Die zweite Schicht ist pseudoparenchymatisch, oben schwächer; die dritte derbfaserig, aus verfilzten, dickwandigen
Hyphen. In der vierten Schicht treten besonders radiär
geordnete Palissaden auf. Verf. nennt sie Collenchymschicht; sie ist unten durchbrochen. Nr. 5 ist die Sporan-
gialwand, aus verfilzten, dünnen Zellen; sie wird durch
Verflüssigung durchsichtig, klebrig, braun, und vermittelt
das Anhaften der ejakulirten Sporangie. — Darauf folgt
die Sporenschicht, aus Trama und Hymenien gebildet,
letztere stellen Nester in dem maschigen Trama-Netze dar,
das den ganzen Innenraum erfüllt. Hyphen fadenförmig,
verzweigt, traubig endigend, mit zahlreichen Sporen auf
ovalen Basidien sitzend, welche sich später verflüssigen.
Die Sporen keimen mit Fäden, mitunter schon im Sporangium. — Bei der Reife zerreifst die Hülle mit 6—7 Zähnen;
alsdann lösen sich die inneren Schichten des Bechers am
Grunde momentan und mit einigem knisternden Geräusch
von den äufseren, stülpen sich vor und erscheinen zuletzt,
das Sporangium — selbst bei starker Befeuchtung — hinaus-
schleudernd, als ein Säckchen oder eine kleine Glocke,
welches die Reste des Bechers überdeckt, und deren Zähne
mit denjenigen des Becherrestes in Verbindung bleiben.
Diese kleine Glocke ist durchsichtig und elastisch, sie wirft
das Sporangium bisweilen einige Zoll weit fort; doch nicht
immer. Der Basaltheil des Pilzes befindet sich in einem

gewissen Spannungszustande, welcher keine rohen Eingriffe
z. B. Bohren mit der Nadelspitze erlaubt, ohne sofort die
Ejaculation vor sich gehen zu lassen. Die Glocke oder der
Schlauch entspricht der dritten und vierten Schicht, der
Becher selbst den beiden ersten. Wasserentziehung ver-
größert seine Oeffnung, Wasserzufuhr verengt sie. Einmal umgestülpt, kann man ihn nicht wieder zurückstülpen,
er reifst an, und bei jedem Risse biegen sich die Ränder
desselben einwärts. In der That besteht ein Spannungs-
Antagonismus zwischen dem Gewebe der concaven und
convexen Seite, dem derbfaserigen und dem collenchymati-
schen Gewebe; letzteres hat activ das Bestreben, einen
größeren Raum einzunehmen, woran es durch das andere
gehindert wird. — Im Weiteren werden diese Angaben mit
den früheren von Bonorden und Corda speciell verglichen. Die Widersprüche mit deren Angaben beruhen
meist darauf, dafs Beide das Collenchymgewebe des Schlauches als zu dem Sporangium gehörig ansahen. — Kurz
vor dem Aufbrechen des Pilzes geht ein rasches und be-
deutendes Wachsthum der Elemente der Schlauchschicht
vor sich; auch scheint die Collenchymschicht fähig, eine
grofse Wasserquantität aufzusaugen. Unter Umständen
kann auch theilweise Wasserentziehung der Hüllschicht
(durch Austrocknen oder Alkohol) die Ejaculation bewirken. — Die systematische Stellung ist neben Geaster.
Das Sporangium entspricht der Peridie von Geaster. Die
Vergleichung ist sehr einleuchtend durchgeführt.

33) J. Walz, über die Entleerung der *Zoosporangien.*
(Bot. Ztg. 1870, S. 689 f.) Verf. findet nach Untersuchung mittelst Wasserentziehender Mittel und neuem
Zusatz von Wasser, dafs der Austritt kein activer Procefs
der Zoosporen ist (bei Saprolegnia, Chytridium u. s. w.),
sondern auf Wasseransammlung beruht, indem die innere
Schlauchmembran quellungsfähig ist. Dieselbe verläfst das
Sporangium nicht bei dem Austritte der Zoosporen. Aufserdem kommt es vor, dafs die Zoosporen selbst aufquellen

(S. 705), was gleichfalls mitwirkt. Die Austrittsöffnung entsteht durch örtliche Schmelzung d. h. Verwandlung in eine gelatinöse Substanz.

34) H. Hoffmann, *Hexenbesen der Kiefer.* (Heyer's allgem. Forst- und Jagdzeitung 1871, S. 236—238). Die Krankheit war durch *Cladosporien* veranlafst (Cl. entoxylinum und penicillioides), welche in der Rinde eines Astes ihr Mycelium entwickelt hatten, so dafs dieselbe verdickt und fleischig aufgetrieben war. Von da drang das Mycelium in die feineren Zweige, zuletzt in die Nadelpaare, deren Längewachsthum dadurch sehr beeinträchtigt wurde. Endlich wurden auch die Nadeln in fast allen Theilen, selbst den Harzgängen, von dem Pilzgewebe durchdrungen, welches mit Leichtigkeit unter Perforation der trennenden Wände von Zelle zu Zelle wandert, wobei dann die Nadel vertrocknet und abstirbt, während das Mycelium die Spaltöffnungen von innen nach aufsen durchdringt, dieselben mehr oder weniger vollständig verstopft, und nun an der Luft auf verzweigten Hyphen von braunschwarzer Farbe die Cladosporien-Früchte producirt. — Die Affection war auf dem betreffenden Aste scharf localisirt, dieser selbst an der Ursprungsstelle der abnormen Zweigbildung spindelförmig angeschwollen.

35) E. Frankland, on spontaneous generation. Frankland füllte Glascylinder mit Lösungen von kohlensaurem Ammoniak und phosphorsaurem Natron in Wasser, machte dieselben dann durch Auspumpen luftfrei und erhitzte diese Apparate nach gehörigem Zuschmelzen in einem Papin'schen Condensator durch vier Stunden auf 155—160° C., alsdann wurden die Apparate in eine Lösung von Carbolsäure in Wasser oder in concentrirte Schwefelsäure gesenkt, um das Eindringen organischer Keime durch etwa vorhandene Wandsprünge von unsichtbarer Kleinheit zu vermeiden. Weiterhin wurde eine Temperatur von 60—70° F. in Anwendung gebracht, dabei helles (diffuses) Licht zugelassen. Diefs wurde durch 5 Monate fortgesetzt.

Ende Decembers stellte sich Trübung der Flüssigkeit ein; zwei Apparate wurden in Gegenwart von Prof. Huxley und Busk geöffnet und ergaben (namentlich die flockigen Massen, welche sich eingestellt hatten) eine Materie, welche Bastian, ein eifriger Vertheidiger der generatio spontanea — s. o. — unter ähnlichen Umständen fand und bezeichnete als „bewegliche achterförmige Körperchen, ferner hyaline Bläschen" u. s. w. (s. Nature, 1870, 7. Juli, p. 200).

Allein die Bewegung stellte sich als Brown'sche Molecularbewegung heraus, und viele der festen Körperchen als Glassplitterchen, welche durch die corrodirende Wirkung des Fluidums unter Mitwirkung der höheren Temperatur sich abgelöst hatten. Ein organisirtes Gebilde wurde nicht aufgefunden. (Aus Nature, Jan. ·19. 1871 in Sillim. amer. Journ. March 1871, p. 230).

36) Gonnermann und Rabenhorst, Mycologia europaea. Heft 7, 1870; enthält *Boleti,* die meisten schon oft abgebildet, in der üblichen Weise, jüngere und ältere Exemplare, mit senkrechtem Durchschnitt, meist ohne mikroskopische Analysen und ohne entwickelungsgeschichtliche Beobachtungen. Bezüglich der früheren Hefte vgl. Mycol. Ber. für 1870, S. 4. Taf. 1 : Boletus edulis (Strunk an sämmtlichen Figuren ohne Spur eines Netzes; im Texte heifst es haud raro inprimis superne reticulato, allein unter den vielen tausend Individuen, welche auf den Dresdener Märkten täglich zu sehen sind, fanden die Verf. z. B. in diesem Jahre kaum ein einziges, das dieses Netzwerk zeigte. Es sei dasselbe wohl nur durch trockenes, sehr warmes Wetter veranlafst, wodurch die Ausdehnung des Pilzes zu rasch fortschreitet, wo dann auch die Oberhaut des Hutes nicht selten netzartig zerreifst.) — Taf. 2 B. bovinus und variegatus; 3 B. scaber : aurantiacus, fusco-niger, fuligineocinereus; 4 B. aeneus; 5 subtomentosus und elegans; 6 granulatus (mit braunem Hute) und luteus; 7 vergröfserte Darstellung der Röhrenöffnungen und der Sporen aller vorher erwähnten Arten.

37) C. O. Harz, Untersuchungen über die *Alkohol- und Milchsäuregährung* nebst einer Bereitungsweise milchsaurer Salze. (Zeitschr. d. allg. österr. Apotheker-Vereins 1870 und 1871, Wien 1871, 8° und Wiederabdruck in Flora Nr. 5. f.) Beginnt mit einer historischen Einleitung, von welcher hoffentlich das folgende incorrecte Referat nicht als charakteristisch gelten möge. S. 6 heifst es: „Blondeau ist .. der erste, welcher die Idee aussprach, dafs jede Gährungsart durch besondere Species von Organismen bedingt werde, eine Ansicht, die später besonders von Pasteur und Hoffmann vertheidigt worden ist" (und zwar von mir angeblich in Karsten's Botan. Unters. S. 346, wo davon mit keinem Worte auch nur entfernt die Rede ist). Ich protestire gegen diese Zusammenstellung ausdrücklich; wenn ich überhaupt in der Gährungslehre ein Verdienst in Anspruch nehmen dürfte, so wäre es gerade umgekehrt die Aufstellung und der versuchte Nachweis des Satzes, dafs die Fermente *nicht* specifisch im botanischen Sinne sind. Appert wird als Koch ausgeführt, was sonst für Chevaliers nicht üblich ist. C. Schmidt, welcher zuerst die Anwesenheit der Bernsteinsäure als Nebenproduct der Gährung erkannte, wird gegen Pasteur in sein Recht wieder eingesetzt; ebenso Ehrenberg als Entdecker der Pilz- und Hefenkeime und zahlreicher anderer Organismen in der Luft (1848). Der Werth autonomer Species wird den Hefeformen (im weitesten Sinne) nicht zuerkannt, vielmehr seien dieselben degenerirte Inhaltsbläschen (nach Karsten'scher Auffassung) von Pflanzenzellen, besonders von Schimmeln, welche aber nicht wieder zu Schimmeln werden können. Sie sollen dadurch sich bilden, dafs eine Zelle derselben in ungewohntes Substrat, z. B. Zuckerlösung, geräth, wo sie abstirbt, während aus ihrem Inhalte Tochterzellen (Hefe) entstehen, welche sich den neuen Verhältnissen accommodirt haben. Unter diesen Formen wird neben den gewöhnlich genannten auch Micrococcus und Sarcina genannt; alle aufgeführten (9) Formen kön-

nen nach dem Verf. in einander übergehen, seien also
genetisch verbunden. Er habe selbst auf dem warmen
Tische des Mikroskops zwei in einem freiliegenden Zell-
faden der Gliederhefe (Oidium lactis Fres.) enthaltene Mi-
crococcus-Zellchen innerhalb 12 Stunden zu 4- und 6-gliede-
rigen Bacterien auswachsen gesehen; in einem anderen
Falle sah er eine „isolirte Bacterie" „nach mehreren Wochen"
zur Milchhefeform (Oidium lactis) sich vergröfsern. Schim-
melformen hat er nie aus Fermentzellen heranwachsen gesehen. Wohl aber habe er selbst aus stundenlang in
Wasser gekochten Kartoffelabschnitten und dergl. häufig
trotz sorgfältigem Abschlusse Mucor und Penicillium her-
vorwachsen gesehen [was bei meinen Versuchen niemals
der Fall war, vermuthlich in Folge eines verwendeten anderen Apparates H.]. Angabe eines sehr primitiven und
unvollkommenen Verfahrens, ein bestimmtes kleines Object
unter dem Mikroscope wiederzufinden. S. 14. — Nach
seinen Fütterungsversuchen mit pilzreichem Honig kommt
Verf. zu der Ueberzeugung, dafs die Pilze weder die Faul-
brut der Bienen, noch (bei Gryllen, Carabus u. a.) ander-
weitige s. g. Pilzkrankheiten auf diesem Wege veranlassen.
Neumann (Lehrbuch der Hautkrankheiten, Wien 1870)
habe niemals aus den in den Haaren des Menschen vorkommenden Pilzzellen Schimmel entstehen gesehen. (Derselbe
fand beiEczema einen Pilz, welcher hier als Trichothecium floc-
cosum beschrieben wird, S.16). Hierauf folgt eine Auseinander-
setzung der Lehre von den Secretionszellchen Karsten's,
welche von Andern fälschlich als Vacuolen bezeichnet würden;
im ausgewachsenen Zustande ist die Tochter- oder Secretions-
zelle der Primordialschlauch Mohl's. Durch die fortwährende
Umsetzung der äufseren Schichten der Zellmembran entstehen der Alkohol, die Buttersäure, Kohlensäure u. s. w. —
Ueber *Bierhefe* und ihre Assimilationsproducte. Verf. hat
ihr Entstehen u. a. aus Penicillium-Conidien direct beobachtet; ebenso aus dessen Hyphen, welche sofort Gasentwickelung veranlafsten, das sich als Kohlensäure erwies; ebenso

aus Rhizopus, wo die Hefezellen anfangs kugelig sind, in den späteren Generationen sich aber nicht mehr unterscheiden. Ober- und Unterhefe nicht wesentlich verschieden. — Verf. sah durch Penicillium-Conidien in Gährung versetzte Flüssigkeit, über eine Stunde lang gekocht, nach dem Erkalten wieder ruhig weiter gähren, wie wenn nichts vorgefallen wäre. Er konnte nicht ermitteln, warum die Versuche des Ref. zu einem entgegengesetzten Resultate geführt haben. Häufig beobachtete er, dafs durch Bierhefe Milchsäuregährung eingeleitet wurde; der verwendete Milchzucker wurde durch längeres Behandeln mit Aether vorher keimfrei gemacht. Dabei verschwand die Bierhefe und wurde durch Bacterien und dergl. ersetzt. Hieraus schliefst der Verf., dafs letztere aus der Bierhefe entstanden seien. Um die noch unsicher bekannte stickstoffhaltige Materie zu untersuchen, welche die Hefe neben Alkohol u. s. w. abscheidet, wandte Verf. ein eigenthümliches Verfahren an, wo er denn fand, dafs dieselbe analog sei dem von E. Schwarz (Wiener medicin. Presse 1870) gleichfalls als stickstoffhaltiges Excret von Vibrio- und Bacteriumformen erkannten blaugrünen Farbstoffe des s. g. blauen Eiters. Was die Bernsteinsäure betrifft, so gelang es ihm, dieselbe als Derivat der Zellmembran in dieser selbst mikrochemisch nachzuweisen; diese Säure sei es, welche den Rohrzucker in Traubenzucker verwandele. Mit Anthon u. A. ist der Verf. der Ansicht, dafs die fertig gebildete Hefezelle, nicht die sich bildende, den Alkohol producire. Auch die bekannte Selbstvergährung der Hefe beweise, dafs der Alkohol Umsetzungsproduct der Zellwand selbst sei. — *Gallussäure*-Gährung. Auch hier scheine Bernsteinsäure die Spaltung des Tannins zu bewirken. Dabei treten Bacterien, Vibrionen und Leptothrix auf. — *Milchsäure*-Fermente: Bacterien u. s. w. Hierbei erfahren wir, dafs das Laab „nur durch einen Gehalt an Salzsäure" seine gewünschte Wirkung auf die Milch ausüben könne. Aus Bacterien soll auch das Oidium lactis entstehen. (Diefs wurde von Bonorden als Chalara Mycoderma bezeichnet, während unter Mycoderma mesentericum Pers. wahrscheinlich der Kahm des Weines und Bieres gemeint sei.) Dasselbe erscheint nicht, wenn man bei der Milchsäuerung die Luft ausschliefst. Auch aus Bierhefe hat Verf. in zahlreichen Fällen die Bacterien und Micrococcus unter seinen Augen auf dem Mikroskoptische sich entwickeln gesehen. Umgekehrt gelang es ihm, mit dem Oidium lactis Alkoholgährung zu bewerkstelligen. Die Form der Hefe ist hierbei etwas abweichend von der Bierhefe, nämlich walzenförmig; nach vielen Generationen wird sie fast kugelförmig. Kali-Carbonat hemmt die Milchsäure-Gährung, während dieselbe durch kohlensaure Magnesia begünstigt wird; die günstigste Temperatur ist 18—24° C. So lange sich noch unzersetzter Zucker vorfindet, kann sich bei sorgsamer Absättigung der freien Säure nur Milchsäure bilden; fehlt es an Basen, so wird bei Anwesenheit von unvergohrenem Zucker die entstehende Säure in Essigsäure übergeführt; sind dagegen nach beendigter Milchsäure-Gährung Basen im *Ueberschusse* vorhanden, so beginnt die Umsetzung der Milchsäure in Buttersäure, und zwar bei jeder Temperatur, bei welcher Gährung (d. i. Hefenwachsthum) überhaupt stattfinden kann.

38) Thomé, die *Pilze*. (Ergänzungsblätter z. Kenntn. der Gegenwart, 1871, VII. 9. S. 555—562.) Eine allgemein verständliche Uebersicht dieser Pflanzengruppe, erläutert durch eine Tafel, auf welcher folgendes dargestellt ist: 1, Penicill. glaucum, 2, Ascophora Mucedo (unkenntlich), 3, Saprolegnia ferax, 4, S. monoica (Befruchtung), 5, Mycel aus nafsfaulen Zuckerrüben, 6, Oidium Tuckeri, Cicinobolus, 7, Sclerot. Clavus, Claviceps, 8, Agaricus campester, 9, Tuber melanosporum, mit Fruchtanalyse, 10, Morchella esculenta, 11, Hormiscium cerevisiae. Sämmtlich Copieen.

39) R. Böttcher empfiehlt zur Bewahrung von Lösungen arabischen Gummi's vor Schimmeln statt des übelriechenden Kreosots den Zusatz einer Auflösung von nur einigen

wenigen Krystallfragmenten des schwefelsauren Chinins in Wasser. Auch zur Abhaltung des Schimmels von der Schreibtinte dürfte dasselbe Mittel sich nützlich erweisen. (Polytechnisches Notizblatt, 1871, Nr. 7, S. 111).

40) Fr. Hazslinsky, die *Sphärien* der Rose. (Verh. zool. bot. Ges. Wien, XX. 1870, S. 211—218, Taf. IV.) Die bereits sonst genau bekannten werden übergangen. Sph. ceratosperma T. kommt bei Eperies mit langen und mit kurzen Mündungen vor. Unter S. spurca (F. 1—3) werden mehrere „Diplodia vereinigt, die fast auf allen holzigen Pflanzen vorkommen und sich nur auf Grund des Substrates in Species trennen lassen"; denn die Gröfsenunterschiede der Sporen dürften eben so wenig zur Aufstellung von Species ausreichen, als etwa die verschiedene Gröfse der Samen bei Linsen. Coryneum marginatum Fr. (Fig. 30—37) wird ausführlich beschrieben und als Synonym mit Sciniatosporium (nicht Sciridium) Ns. jun. aufgefafst, ebenso Seiridium marginatum Ns. et Henry? (Fig. 23—27), ferner Sphaeria fissa Fr., von voriger wohl nicht wesentlich verschieden; sie erscheint in Dichaena- und Hendersonia-Formen. Es gelang nicht, den Zusammenhang der besprochenen Sphärien mit den vorher besprochenen Conidien- und Spermatien-Formen sicher nachzuweisen. Ein besonderes Verzeichnifs der Abbildungen (Sporen-Analysen) in sonst üblicher Weise ist nicht beigegeben, was zu bedauern ist, da einige Figuren (z. B. 27 und 19) an verschiedenen Orten zu verschiedenen Dingen citirt werden.

41) St. Schulzer v. Müggenburg, mykologische *Beiträge*. (Ib. S. 635. T. 14). I. Pilze an *Weifsbuchen-spänen* bei Vincovce (Slavonien) beobachtet: Sporidesmium carpineum n. sp. mit Beschreibung, Macrosporium clavatum Bon. β atrum S., Chaetosphaeria pezizaeformis S., welche alle drei zusammen zu gehören scheinen. — II. Podosporium Bon., Diplodia Fr., Hendersonia Berk., Camarosporium S. Ein genau untersuchter kleiner Rasen der Diplodia Heufleri ergab, dafs kein generischer Unterschied besteht zwischen

allen vier genannten angeblichen Genera : Podosporium,
Sporen einfach, Diplodia, einmal septirt, Hendersonia, zwei-
oder mehrmal querüber septirt, Camarosporium, Sporen
nicht blofs querüber septirt, sondern die Fächer wieder
durch Längswände getheilt. — III. Pilze an *wilden Reben* :
Myrothecium Vitis, Gibbera Vitis S. n. sp., Leptosphaeria
Vitis S., Sphaerella Vitis, Pestalozzia pezizoides, Sphae-
rella Vitis S., Cucurbitaria Vitis S., Bertia Vitis S., Cera-
tostoma Vitis S., Diplodia Heufleri in 5 Sporenformen (als
Podosporium, Diplodia, Hendersonia, Camarosporium qua-
ternatum und Vitis); Phoma Vitis S., Pyrenotrichum Vitis
S., Cheilaria Vitis S., Discosia Vitis S., Cytispora Vitis S.,
Septoria Vitis S., Fusoma Vitis S., Polynema Vitis S. —
IV. Pilze auf *Maulbeerzweigen* : Pleospora Mori S., Cama-
rosporium Mori S. und quaternatum Hazsl., Diplodia Mori
S., Naemaspora Mori S., Myxosporium Mori S., Psilospora
Mori S.; Helminthosporium Mori S., Tubercularia Mori S.,
Fusoma Mori S. — V. Pilze an *Feigenzweigen :* Peziza nivea
Fr., Thelephora cinerea P., β ficophila S., Valsaria ficophila
S., Splanchnonema ficophilum [statt sykophilum] S., Diplo-
dia ficophila S., c. v. sublibera, Phoma ficophilum S., c. v.
Zythia, Discella ficophila S., Myxosporium ficophilum S.,
Ciliostroma ficophilum S., Scimatosporum ficophilum S.,
Tubercularia vulgaris und pulla S.

Abgebildet sind T. XIV. F. 1 : Sporidesmium carpineum; 2, Macrosporium clavatum Bon. β atrum, 3, Chaetosphaeria pezizaeformis S.

42) Graf H. zu S o l m s - L a u b a c h, über die herbstliche
Pilzkrankheit der Stubenfliege. (Sitzung am 31. Juli 1869,
cf. Abhandl. der Naturf. Ges. zu Halle, ed. 1870, Beil.
S. 37). Der Mechanismus der Sporen-Abwerfung ist ganz
derselbe bei der *Empusa* Muscae wie bei Pilobolus; der
Schlauch, von Flüssigkeit strotzend, reifst oben auf und
schleudert Spore und flüssigen Inhalt fort, worauf der ent-
leerte Schlauch collabirt. Die (in Wasser lösliche) Flüssigkeit trocknet an der Luft zu einer wachsweichen, gerunzel-

ten Hülle über der Spore ein. An der Spore erkennt man
noch die Stelle des Abreifsens. Die weitere Entwickelung
der Sporen über das Keimen hinaus ist nach S. unbekannt;
insbesondere konnte er ein Auswachsen zu Saprolegnieen
nicht bestätigen, indem die Empusakeime aus der Fliege
im Wasser zu langen Füden hervorwuchsen, welche steril
blieben und allmählich verfaulten. (Um die „allverbreiteten"
Saprolegnia-Schwärmer auszuschliefsen, war hierzu destil-
lirtes Wasser verwendet worden.) Auch die von Anderen
angegebenen Beziehungen von Empusa zu Mucor werden
bezweifelt, ohne dafs betreffende Versuche angegeben sind.

43) L. Rabenhorst, Uebersicht der vom Herrn Prof.
Dr. Haussknecht im *Orient* gesammelten Kryptogamen.
(Sitz. Ber. naturwiss. Ges. Isis zu Dresden, 1870. II. 4).
I. Fungi (meist aus Persien). Die neuen Species mit
Diagnose, hier mit R. bezeichnet : Chytridium Olla, Synchytrium Centranthi Rabenh., S. Iridis R., Peronospora
Ficariae, nivea, calotheca. Cystopus candidus. Mucor stolonifer in Copulation. Eurotium herbariorum. Ustilago
carbo, Penniseti R., Sacchari R. Tilletia Sorghi. Unter
den 6 Uromyces neu : Tanaceti R. Pileolaria Terebinthi Ces. Unter 12 Puccinien neu : P. Pimpinellarum,
pulvinata. Acht Aecidium und Uredo, 3 Melampsoren.
Polythrincium Trifolii. Macrosporium commune. Stemonitis typhoides in Ghilan. Reticularia plumbea? Geaster
hygrometricus bei Lenkoran. Tulasnodia fimbriata. Cyathus striatus (Ghilan, Lenkoran), umbrinus R. Terfezia
Leonis. Tuber brumale. Lasiobotrys Lonicerae. Fünf
Erysiphe. Uncinula bicornis. Phyllactinia guttata. Sphaerotheca Castagnei. Auricularia mesenterica. Corticium
ochraceum, nudum. Stereum hirsutum, versicolor. Clavaria
spinulosa. Polyporus versicolor, nigrescens, velutinus. Daedalea quercina. Schizophyllum commune (Lenkoran, Ghilan), Panus stypticus (ebenda auf Zelkowa crenata). *Mon-
tagnea* Haussknechti. R., ohne Volva, vom caspischen Meer,
mit Abbild. Taf. 3. Fig. 1. (Habitus, braune Sporen, La-

mellen); die vierte jetzt bekannte Art. Hierbei Bemer-
kungen über C o r d a's von einander abweichende 2 Abbil-
dungen der M. Candollei. — Coprinus imbricatus R. Dothidea
Ulmi, rubra, melaena R. Gnomonia tubaeformis, Coryli,
devexa. Melogramma cylindrospora R. Valsa Persoonii.
Diatrype stigma. Nectria flavida Cd. Hypoxylon multi-
forme, coccineum, concentricum. Poronia punctata auf
Kuhdünger bei Tiflis. Xylaria polymorpha. Discomycetes:
Leptostroma maculare,? Iridis. Rhytisma Cotini, Asperulae
R. Glonium lepidum. Seirosporium n. gen. ocellatum
(Taf. 3. Fig. 2), vom Habitus einer kleinen Peziza. —
Appendix : Erineum fagineum und Phyllerium Vitis.

44) A. und T. H u s e m a n n, die Pflanzenstoffe in
chemischer, physiologischer, toxikologischer und pharmako-
logischer Hinsicht. Berlin 1871. Liefert auf S. 515 ff.
eine Uebersicht der wichtigsten bei Pilzen vorkommenden
Stoffe mit literarischen Erörterungen über ihre chemische
Natur und ihre Wirkung auf den menschlichen Organismus, und zwar zunächst unter den *Alkaloïden* das Musca-
rin, als Anhang das Amanitin und Bulbosin, die Alkaloïde
des Mutterkorns : Ergotin und Ecbolin. Ueber Gährung
(607), wo sowohl die weinige als die milchsaure von Fer-
mentformen des Penicillium abgeleitet werden; über Myko-
inulin und Mykodextrin aus Elaphomyces granulatus (L u d-
w i g und B u s s e, Arch. Pharm. CLXXXIX. 24); Mycetid
und Viscosin (aus Hutpilzen, nach B o u d i e r), S. 1070 :
Agaricinsäure und Agaricorosin oder Agaricusharz, erstere
wohl identisch mit M a r t i u s' Laricin, beide im Polyporus
officinalis Fr. Ueber Agaricin (G o b l e y, im Champignon),
Mykose (W i g g e r s 1833) im Mutterkorn, eine Zuckerart.
S. 1166: Mutterkornöl (W i g g e r s), fettes Oel der Helvella
esculenta (S c h r a d e r), fettes Oel der Trüffel (R i e g e l). Das
Fungin ist als unreine Cellulose aufgeführt (S. 568). Die
Pilzsäure B r a c o n n o t's scheint nach D e s s a i g n e s Apfel-
säure zu sein, nach B o l l e y Fumarsäure (S. 787, 536).

45) Fumagalli, Achille. Sopra un microfito trovato in un uovo integro di gallina. Reale Istituto lombardo de scienze e lettere. Rendiconti 1870, Milano, p. 196).

46) P. Cantoni, ancora sulla produzione degli infusorii in palloni suggellati ermeticamente e scaldati a 100°. (Ibid. 1131—1135).

47) W. Smith bestimmte einige *leuchtende Pilze* vom Gebälke aus Kohlen-Bergwerken; Schwamm und Mycelium gaben Licht von sich. Polyporus annosus Fr. konnte auf 20 Ellen Entfernung gesehen werden. Auch P. sulfureus Fr. fand er leuchtend, und Broome beobachtete ein leuchtendes Corticium. Bemerkungen über andere leuchtende Organismen. (Journ. of Bot. IX. 1871. p. 176.)

48) Moore beobachtete im botan. Garten zu Dublin das Absterben eines 25 Fufs hohen *Pandanus* in Folge einer Pilzaffection, welche sich bei näherer Untersuchung als identisch mit dem in Breslau von Schröter beobachteten Falle erwies : Melanconium Pandani und Nectria Pandani. Die Ursache des Befallens schien nicht in Frost oder dergl. zu liegen. (Ibid. 189).

49) Worth. Smith, *Agaricus Georginae*, a new species. Eine zarte Lepiota, rosaroth angehaucht, welche im kühlen Farnhause von Veitch in London das ganze Jahr hindurch auf dem Moose der Pflanzenköpfe vorkommt. Exotisch, vielleicht aus Japan eingewandert. Mit Abbild. (Ibid. p. 1.)

50) W. Phillips beobachtete, dafs *Scleroderma Geaster* beim Anschneiden dunkelbraun anläuft, und dafs derselbe bei der Reife keineswegs immer in Geaster-Form aufplatzt. (Ib. p. 17).

51) W. T. Thiselton Dyer beschreibt eine durch *Cystopus* candidus veranlafste Hypertrophie an Brassica nigra Boiss., wodurch der Stengel oben ¼ Zoll dick angeschwollen war, die Blüthe theils atrophisch, theils hypertrophisch, bis 1 Zoll Durchmesser, mit sehr fleischigen Sapala. Petala grün. Acht Staubgefäfse in 2 Kreisen, die

äufseren den Sepala opponirt, an Länge gleich; Antheren degenerirt, Ovarium nicht merklich modificirt. (Ibid. S. 19.) 52) W a l d e y e r, Mycosis intestinalis. (Virchow's Archiv f. patholog. Anatomie 52. H. 4. 1871.) Verf. fand zooglöa-artige Körper und aus aneinander gereihten Stäbchen bestehende Fäden [Leptomitus-Form der Bacterien, Ref.] in der Pfortader u. s. w., mit Hämorrhagien verbunden, also Pilzembolien. Ob milzbrandartig? Ferner Bacteriencolonien in beiden Nieren.

53) v. N u f s b a u m veröffentlicht auf Grund seiner im letzten Kriege gewonnenen Erfahrungen einen Artikel, worin er die Anwendung von *Carbolsäure* bei Schufswunden, Amputationen u. dergl. als ein ganz ausgezeichnetes Mittel gegen Pyämie aufs Wärmste empfiehlt. Er sucht die Wirkung darin, dafs die Carbolsäure die niederen Organismen-Pilze und Infusorien tödte, welche als die eigentlich todtbringenden Agentien nun erkannt seien. (Buchner's Repert. f. Pharmacie. XX. 1871. S. 56.) Bekanntlich wird auch die *Phenylsäure* vielfach mit bestem Erfolge als desinficirendes Mittel angewendet. Dieselbe scheint in der That alles organische Leben unmöglich zu machen. So wirkt sie auch auf den Keimungsprocefs phanerogamischer Pflanzen absolut vernichtend. A. V o g e l fand, dafs Samen, welche er mit einer Lösung derselben (1 Tropfen auf 50 CC. Wasser, geschüttelt) begossen hatte, nicht die mindeste Keimung zeigten. (Ib. S. 143.) — Auch das von S t r u c k empfohlene Heilverfahren gegen Blattern — Waschungen mit Holzessig — scheint auf analogen Verhältnissen zu beruhen.

54) L. v. H o h e n b ü h e l - H e u f l e r, der *Fungus Laricis aureus Matthioli's.* Oesterr. botan. Zeitschr. 1870. Nr. 7.) Der von Matthioli (1554) erwähnte gelbe Lärchenschwamm, von dessen Vorkommen auf dem Nonsberge bei Trient derselbe spricht, soll efsbar sein und ein Gewicht von 22 Pfund (zu 32 Loth) erreichen. Bisher war es nicht gelungen, denselben zu identificiren. H. erkannte ihn nun

an Ort und Stelle für Polyporus sulfureus Fr., von dessen
Geniefsbarkeit er sich schon früher überzeugt hatte. Dafür
bürgt auch das Zeugnifs S t a u d e's, sowie F r i e s' in Sveriges ätl . . Svamp. und Scopoli's.   Der Schwamm war
indefs seither fast nur als auf Laubbäumen vorkommend
bekannt. (Auch P. hirsutus findet sich eben so wohl auf
Laub- als Nadelholz.) Doch zeigte er nach H. selbst in
untergeordneten Charakteren durchaus nichts Eigenthümliches auf Lärchenholz.   Bereits 1777 wurde unser Pilz
übrigens von Leykauf in Oberkärnthen auf Lärchen beobachtet; eine Beobachtung, welche von J a c q u i n irrthümlich
auf P. officinalis Fr. gedeutet wurde; ebenso von H a u s-
m a n n auf Lärchen und vielleicht noch anderen Nadelhöl-
zern. Auch scheint derselbe einmal in einer Röhre von
Nadelholz beobachtet zu sein. — Im Anhange werden die
bis jetzt in Oesterreich bekannten Standorte aufgezählt,
von Böhmen und Tyrol bis Siebenbürgen. Beachtenswerth
ist die Bemerkung S c h i e d e r m a y r's, dafs derselbe „an der
Oberfläche Krystalle von Sauerkleesalz auswittert."
55) v. H o h e n b ü h e l - H e u f l e r, die Entdeckung des
Aecidiums von *Uromyces Cacaliae* Ung. (ibid. Nr. 3.) Der
Entdecker ist Freiherr von T h ü m e n. Die Uredo-Form
kommt auch unter dem Namen Coleosporium Compositarum f. Adenostylis Kalchbr. vor. Die österr. Standorte
der Uredoform werden aufgeführt; sie ist häufig auf Ad.
alpina und albifrons. — Die Uromyces-Form ist die Uredo
Cacaliae Dec., Puccinia Cac. DC. Lam.; beobachtet auf
beiden obigen Adenostyles. Hazslinsky führt sie als Uromyces Phyteumatum auf; wahrscheinlich ist auch O p i z'
Uredo tremellosa v. Cacaliae hierher zu ziehen. — Im Anhang werden einige durch v. T h ü m e n entdeckte, für
Oesterreich neue Pilze aufgeführt.
56) v. H o h e n b ü h e l - H e u f l e r, *Hydnum Schieder-
mayeri* Hflr. (Ib. Nr. 2). Lebhaft schwefelgelb, das Mycelium stellt genau Corticium sulfureum Fr. dar. An Aepfelbäumen. Weicht wesentlich von sulfureum ab, dem aureum

näher verwandt. Ref., welchem S. seinen Pilz zusandte, erklärte ihn für H. squalinum und zwar auf Grund eines bei Gielsen auf Aepfelbäumen vorlüngst gesammelten identischen und von F r i e s bestimmten Exemplars. Als nun aber S. seinen Pilz auch an F r i e s schickte, erklärte dieser denselben für toto coelo verschieden von squalinum und wahrscheinlich neu, dem H. pinastri nahestehend. Hiernach stellt nun der Verf. den neuen Namen mit Diagnose auf.

57) E. W. A r n o l d i in Gotha giebt eine Sammlung efsbarer, giftiger und verdächtiger Schwämme heraus, nachgebildet in Papiermaché. Dieselbe wird in Lieferungen (jährlich 3—4) zu 12 oder 18 Stück erscheinen, unter Beifügung gedruckter Beschreibungen. Der Preis einer Lieferung von 12 Stück Schwämmen ist 2¼ Thaler incl. Beschreibung und Carton. Das Unternehmen wird unterstützt von mehreren Schwammfreunden, a. A. von dem bekannten Illustrator Dr.W. G o n n e r m a n n, Apotheker in Neustadt bei Coburg. Bestellungen direct oder durch die E. F. Thienemann'sche Hofbuchhandlung in Gotha.

58) G r i m m e l, die *Trüffel*jagd in den Oberförstereien Oberscheid und Ebersbach des ehemaligen Oberforstes Dillenburg. (Zeitschr. Ver. nassau. Land- u. Forstw. 21. Mai 1871. S. 67.) Es ergiebt sich aus älteren Acten, dafs lange Zeit hindurch Trüffel, mittelst Hunden aufgesucht, aus der Umgegend in die oranische Hofküche geliefert wurden. Ein Trüffelsucher sammelte um das Jahr 1839 40—50 Pfund zum Verkaufspreise von 2 fl. bis 2 fl. 40 kr. Sie fanden sich in tiefgründigen, frischen bis feuchten Buchenbeständen von 60—80 Jahren auf Grünstein und Grauwacke, seltener in jüngeren Beständen. Die Gröfse schwankt von der des Taubeneies bis zu der der Kartoffel; in der Regel gehen 10—12 Stück auf das Pfund; die stärksten wogen ½ Pfund. Die Suche dauert von Mitte Octobers bis Ende Februars. — Ueber die Species ist hier nichts angegeben.

52

59) **H a r t i g**, Th., über *Verjauchung* todter organischer
Stoffe. (Sitz. Bcr. Wien. Akad. Mai 1870. S. 643.) An-
schliefsend an frühere Mittheilungen verwandten Inhaltes,
vgl. Mykol. Ber. 2. 1870. S. 65. — Das Auftreten von
niederen Organismen in Infusionen wird bekanntlich nun
allgemein auf in der Luft schwebende Keime derselben
zurückgeführt. Allein „das Schrader-Dusch-Pasteur'sche
Fundamental-Experiment wurde (nach H.) als beweiskräftig
für diese Ansicht angenommen, ohne danach zu forschen :
ob die Atmosphäre überall, zu jeder Zeit, und so viele
Pilzkeime enthält, als die *Unfehlbarkeit* infusorieller Be-
lebung keimfreier Infusionen bedingen würde." Blumenstaub von Canna, frisch den noch nicht geöffneten Antheren
entnommen, bedeckt sich schon nach 8—10 Stunden mit
riesigen Leptothrix-Fäden, selbst unter Deckglas von 4 CM.
Seitenlänge im abgesperrten Feuchtraume einer Zimmer-
luft, von welcher mehr als 1000 Liter nicht eine Spur
keimähnlicher Körper in der Vorlage des Aspirators zurück-
lassen. Eine Infusion auf gekochtes Klobermehl der Para-
nufs wimmelt schon nach 12 Stunden von zahllosen Bacterien und Vibrionen; der Blumenstaub von Zea, Secale
und Pinus erzeugt unzählbare Myxomyceten, Stärkemehl-
kleister belebt sich unfehlbar in 3—4 Tagen, während daneben ausgelegte, oder am Pendel einer Wanduhr befe-
stigte, mit Oel oder Glycerin befeuchtete Glastafeln in viel
längerer Zeit nichts einem Pilzkeime Aehnliches erkennen
lassen u. s. w. Aus den Granulationen des Sperma's von
Salmo sah H. im Winter activ bewegliche Organismen
hervorgehen, zuletzt Micrococcus, nach 48 Stunden in
Bacterium sich umbildend, nach 60 Stunden in Vibrio. Nach
H. beruht diefs alles auf Transformationen von vorhandenen Structurelementen; so auch das Entstehen des Nycto-
myces (Hartig) in dem Holze unverletzter Bäume. Auch
bei Gährungserscheinungen findet dasselbe statt ; „die mole-
cularen Elemente, richtiger die Centralkörper derselben,
sind es, die selbst nach anhaltendem Kochen sich wieder

beleben und unter entsprechenden äuſseren Einflüssen stets
durch Micrococcus zu Bacterium, Vibrio, Oscillatoria, oder
zu Leptothrix, oder zu Myxomyceten, in anderen Fällen zu
Cryptococcus, zu Fadenpilzen oder zu thierischen Monaden
sich umbilden.« Folgen Versuche über „Verjauchung" von
Kartoffelstücken (d. h. deren Occupation durch Monaden-
und Bacterienschleim u. s. w.). Die Jauchekörner unterscheiden sich von Micrococcus dadurch, daſs letzterer eine
selbstthätige Bewegung habe, wohin Verf. jede Bewegung
zählt, die am verdunstenden Wassertropfen der Object-
tafel vom Tropfenrande aus nach dem Innern der Wasser-
fläche hin gerichtet ist. „Die Verjauchung ist ein selbstständiges, dem todten organischen Stoff zuständiges Natur-
gesetz." Wenn man Stärkekörner in Wasser erwärmt, so quel-
len dieselben auf und man kann dann in ihrem Innern einen
granulösen Inhalt sichtbar machen, welcher ohne fremde
Einwanderung in Jauchekörper und Bacterien sich meta-
morphosirt; abgebildet auf einer beigegebenen Tafel. Im
Winter entsteht aus unter Glasglocken aufbewahrtem Kleister ein Myxomycet, d. h. sporenartige Zellen von rund-
licher Form (Fig. 3), die allmählich in Amöben-Bewegung
gerathen. Derselbe Myxomycet entsteht aber auch in ganz
geschlossenen „Mehlräumen" (Stärkekörnern). Dieser Myxomycet entstehe vielleicht durch Apposition aus Jauchekör-
nern und Micrococcus. Das Auftreten dieser niederen
Organismen in dem Stärkekorn geschehe so plötzlich und
so massenhaft, daſs schon deſshalb eine Einwanderung von
auſsen nicht anzunehmen sei, man müſste dann denselben
Geselligkeitssinn und Wahrnehmungsvermögen (bezüglich
der gemeinsamen Reise) zuschreiben.

60) C. E. Broome, *Scleroderma Geaster*, a new
british fungus. (Journ. of Botany, May 1871. IX. p. 129.)
Mit Abb. Taf. 116. Kommt nach Vittadini oberirdisch
vor : mit weiſsem, dann schwarzem Fleische; und unter-
irdisch : mit röthlich-weiſsem Fleische, auſsen gelb und
schuppig, doch sind beide Varietäten durch Mittelformen

verbunden. Bis jetzt gefunden in Süd-Europa, Carolina, Algerien, Australien, England.

61) F. Stratton, über das Vorkommen von *Morchella* crassipes auf der Insel Wight. (Ibid. S. 214.) — W. G. Smith fand dieselbe in Surrey in Gesellschaft von esculenta und libera; auch sonst in England beobachtet. Wird 11 Zoll hoch, 7½ Zoll Durchmesser, der Stamm 15 Zoll im Umfang.

62) Mycological illustrations, being figures and descriptions of new an rare *hymenomycetous* fungi. Edited by W. Wilson Saunders, Worthington G. Smith, assisted by A. W. Bennett. Die Verf. beabsichtigen eine Reihe colorirter Abbildungen von britischen Hymenomyceten zu veröffentlichen, wobei sie sich zunächst auf neue oder seltene beschränken werden; doch sollen gelegentlich auch andere Species aufgenommen werden, welche, wenn auch wohl bekannt, doch zur Zeit nur ungenügend abgebildet sind. Das vorliegende erste Heft besteht aus 24 Tafeln, worauf 30 Arten dargestellt sind; von diesen gehören 18 zu Agaricus, 6 zu Cortinarius, 1 zu Lactarius, 1 zu Coprinus, 1 zu Gomphidius, 1 zu Cantharellus, 2 zu Boletus. Wer mit der künstlerischen Darstellungsgabe von Smith und Saunders bekannt ist, bedarf kaum der Versicherung, dafs die Figuren vortrefflich sind. Von den 30 dargestellten Species sind 14 noch nicht abgebildet; einige andere in schwer zugänglichen Werken. Kritisches ist wenig zu bemerken; doch mögen einige Punkte hervorgehoben werden, wie sie sich beim Durchblättern von Text und Abbildungen darbieten. *Cantharellus radicosus* (Taf. 1) zeigt in besonders deutlicher Weise, wie täuschend die Gröfse ist, wenn man keine gröfsere Reihe von Exemplaren vor sich hat. Der Pilz wurde 1866 in den Annals of Natural History als mit einem Hute von ¾ bis 1 Zoll Durchmesser versehen beschrieben. Dagegen hat der Hut des gröfsten hier dargestellten Exemplars fast 3 Zoll Durchmesser und die Verff. bemerken, dafs sie im

Epping-Forest noch weit gröfsere Exemplare gefunden
haben. Die rein weifse klebrige Beschaffenheit von *Agar.*
mucidus ist durch Abbildung kaum wiederzugeben. Mitunter kommen dunkelfarbige Exemplare wie Taf. 5, Fig. 2
vor; allein die fuchsige Farbe des Hutes, Stammes und
Ringes in Fig. 1 läfst vermuthen, dafs die Abbildung nach
überreifen Exemplaren angefertigt ist. Dieselbe Bemerkung gilt von *Ag. lignatilis* (Taf. 6. Fig. 4), dessen kaltes
Weifs ebenso schwierig darzustellen ist, als die schleimige
Hutoberfläche von Ag. mucidus. Einige der dargestellten
Pilze sind von besonderer Schönheit; der auffallendste
vielleicht *Gomphidius* glutinosus v. *roseus, Cortinarius di-
baphus* und *coerulescens* und *Boletus calopus.* Auch *Coprinus lagopus* ist sehr hübsch. An einigen Stellen sind Text
und Abbildungen nicht in Uebereinstimmung. Die Lamellen von *Agar. sinapizans* und *Cortinar. stillatitius* werden
als ausgerandet beschrieben, allein die Durchschnitte
(T. 2 u. 3) zeigen diefs nicht; und dieselbe Bemerkung
gilt von *Cortin. caninus* (T. 15). Der Strunk von *Bolet.
pachypus,* wie er auf der Abbildung dargestellt ist (T. 17),
kann nicht als netzig bezeichnet werden. Bei *Agar. dis-
persus* (T. 24) wird der Strunk im Texte als 2 Zoll lang
beschrieben; allein beim Messen der Strünke auf den Tafeln wird man finden, dafs sie fast 7 Zoll lang sind. Es
ist zu bezweifeln, ob der Hut bei *Ag. hydrophilus* nicht
etwas zu dunkel ausgefallen ist; allein es wird bemerkt,
dafs die Exemplare nach starkém Regen gesammelt sind,
was die normale Farbe beeinflufst haben könnte. Schliefs-
lich ist sehr zu wünschen, dafs diese nützliche und interessante Arbeit hinreichende Unterstützung finden möge,
um den unternehmenden Herausgebern eine rasche Publi-
cation der folgenden Hefte zu gestatten. (Journ. of Bot.
IX. 222.)

E. Fries macht dazu folgende Bemerkungen. (Ibid.
p. 256). Tab. 1. *Cantharellum radicosum* nunquam legi,
quare de acutis differentiis ignarus *A. umbonato* subjunxi.

Ex icone vestra differentia facile elucet. 3, 1 : *A. stillati-*
tius, pictus stipite albo, in meo obscure coeruleus e glutine
spisso inuncto. 3, 2 : Statura omnino *Cortinarii callistei*,
sed colores valde diversi, meus pure luteus, vester ferru-
gineus et optime quadrat in descriptionem *A. ferruginei*
Hymen. mon. II. 216. Colore differt ab *Lact. pallido*,
cujus icon in opere meo „Sveriges ätliga Svampar,“ potius
fingerem *L. quietum*. — 17, *Bolet. amarus*, *B. pachypode*
in Epicr. subjunctus, sed forte diversus. Verus *B.* pachypus, pictus in Sveriges ätliga Svampar, cum pl. Boletis
et Hydnis carnosis. — 20, *A. adnatus*, eximia nova species.
22, Non *Cort. coerulescens*, sed inter protei *C. cunatilis*
formas.

63) L. Fuckel, *Symbolae* mycologicae. Beiträge zur
Kenntnifs der rheinischen Pilze. *1. Nachtrag.* (Aus den
Jahrb. des nassau. Ver. f. Naturkunde, XXV. und XXVI.
S. 287 f. Wiesbaden. Niedner 1871. 8°. 59 Seiten.) —
Enthält zahlreiche neue Beobachtungen und Fünde, nach
demselben Systeme wie früher geordnet, vgl. Myk. Ber. für
1870. S. 82. Die den Gattungen und Arten vorgesetzten
Zahlen sind dieselben wie in der ersten Abtheilung; die
hier neu aufgeführten Genera und Species sind mit * bezeichnet. Mit † sind diejenigen Gattungen oder Arten bezeichnet, welche der Verf. in einer veränderten Fassung
nimmt. Wir können hier nur Einzelnes hervorheben.

I. Fungi perfecti myceliophori. *Polypor.* xanthus Fr.
Ausgezeichnet durch das tief ins Holz dringende, goldgelb
umschriebene Mycelium. — P. stereoides Rostk. (an Fries?)
— P. Schweinitzii Fr. — *Trametes* Pini Fr. — *Solenia*
spadicea n. sp. — S. caulium (Taposia c. olim). — S. po-
riaeformis (Peziza p. DC.). — S. stipitata n. sp. — S. ano-
male (Peziza P.) haben sämmtlich keine Asci. — *Cyphella*
griseo-pallida Weinm. — *Pistillaria* abietina n. sp. —
Sphaerobolus stellatus F., bewohnt sehr verschiedene Substrate, u. a. faules Holz von Pinus sylvestris und Quercus,
faule Ranken von Rubus Idaeus und fruticosus, faule

Graswurzeln, verfaultes Laub. — *Ustilago* echinata S. auf
Phalaris bei Poppelsdorf alljährlich auf derselben Stelle
(Körnicke). — *Urocystis* Filipendulac (Polycystis Tul.).
Treibt die befallenen Blatttheile stark auf unter Verkrüm-
mung. Beim Welken zerreifst die Oberhaut und der braune
Pilz tritt zu Tage. — *Coleosporium.* Früher gab Verf.
irrthümlich nur einerlei Sporen an; die Teleutosporen erscheinen nach den Stylosporen in compacten, durchschei-
nenden, nicht verstäubenden Räschen. Hiernach gehören
C. ochraceum und Symphyti nicht zu diesem Genus und
sind als Ured. dubii zu betrachten (d. h. nur dubii sedis,
nicht als ob der Verf. mit dem Worte sagen wollte, dafs
er sie überhaupt als zweifelhafte Uredineen oder gar —
durch die Bezeichnung Fungi imperfecti — als zweifelhafte
Pilze betrachten wollte. Es soll damit nur gesagt sein,
dafs die Gattungen und Arten, zu denen diese Pilzformen
gehören, noch nicht ermittelt oder dafs diese zweifelhaft
sind (S. 294). Bei dieser Gelegenheit vertheidigt der Verf.
auch den von ihm gebrauchten Ausdruck „Generationswechsel“ statt Polymorphie. „Ich gebe zu, dafs ich dieses
Wort nicht in dem scharf begrenzten Sinn de Bary's genommen, und dafs ich damit der exacten Forschung vor-
gegriffen habe; aber ich kann mir in allen Fällen, wo ich
diesen Ausdruck gebrauchte, den wahren Hergang nicht
anders vorstellen, als dafs auch hier eine gesetzmäfsige
Aufeinanderfolge der verschiedenen — Fortpflanzungs-
organe erzeugenden — Stadien stattfindet, wenn solche
überhaupt ausgebildet werden; und zwar von den niederen,
einfacheren, zu den höheren, complicirteren; einerlei ob
dieselben aus den Sporen oder aus dem *Mycelium* der vorhergehenden hervorgehen. Der Umstand aber, dafs das
Mycelium eines niederen Stadiums die Eigenschaft erlangt,
später ein höheres Stadium erzeugen zu können und in
der That vielfältig erzeugt, veranlafste mich, dieses gleich-
bedeutend mit jenem, aus den Sporen entsprungenen zu
nehmen. Anderntheils ist der Wiederbeginn der Stadien-

reihe, deren Endpunkt z. B. eine Schlauchfrucht bildet,
nicht anders zu erklären, als daſs diese ersten Stadien von
den Schlauchsporen erzeugt werden, sowie man (besonders
da, wo die verschiedenen Stadien auch getrennte Substrate
bewohnen) die Erzeugung der folgenden *nur durch die
Sporen der vorhergehenden* annehmen kann. Oft findet man
Phoma z. B. von Pleospora Syringae, als erstes Glied
mit den ihm folgenden Schlauchfrüchten auf demselben
Blatt; oft aber auch letztere ebenfalls gleichzeitig erschei-
nend, ohne irgend welches Phoma auf einem anderen
Blatte. Hier ist nur anzunehmen, daſs die Schlauchfrucht
aus den *Sporen* des Phoma entstand. — Daſs freilich unter
allen Umständen ein Stadium nur von einem bestimmten
vorhergehenden entstehen kann, oder daſs stets alle Stadien
der Reihenfolge [im Range] nach ohne Ueberspringung
gebildet werden *müssen*, ist sehr zweifelhaft. Wenn *Aecidium* gebildet wird, so geschieht es aus Teleutosporen, das
ist wohl immer richtig. Daſs es aber gebildet werden
muſs, ist noch keineswegs entschieden, sondern sehr wahrscheinlich, daſs die Teleutosporen auch *direct* Uredo und
Teleutosporen erzeugen können.“

Puccinia Dentariae geht bis zum Wurzelstock hinab,
Ist Uredo Dentariae Rbh. Handb. War seit 1805, wo ihn
Albertini und Schweinitz bei Neuwied angaben, nicht
wieder aufgefunden. — *Pucc. Betonicae* DC. Tritt alljährlich
(seit 5 Jahren) auf, ohne vorhergegangenes Aecidium und
Uredo, und zwar schon an den ersten Frühlingsblättern, wo
sonst noch kein Accidium und keine Uredo existirt. Ent-
weder also dringen neue Keimschläuche überwinterter Teleutosporen ein, oder ein perennirendes Mycelium über-
wintert im Wurzelstock. Letzteres hält Verf. für wahr-
scheinlicher, weil alle Fruchthäufchen gleichzeitig auftreten.
Diese so früh erscheinenden Teleutosporen wuchern hier
auffallender Weise auf der Nährpflanze bis in den Spät-
herbst fort. Daſs vorjährige Accidium-Sporen die Teleutosporen erzeugten, ist aus dem Grunde undenkbar, weil

gerade nur auf obigen Nährpflanzen (eine Gruppe von
6—8 Pflanzen) alljährlich die Teleutosporen erscheinen,
und nicht auf andern umstehenden. — Ueberhaupt dürften
bei der Gattung Puccinia selbst vielfach verschiedene Ent-
wickelungsgänge stattfinden, wie das auch schon von mehreren nachgewiesen. — *Pucc. Cynodontis.* — *Puccinella.*
„Wenn die Mykologen diese Gattung so anstöfsig finden,
so mag sie immerhin wieder eingehen; die Glieder derselben mögen dann bei Uromyces eine Gruppe bilden, analog
jenen Grasbewohnern von Puccinia mit ebenfalls dikotyle-
donische Nährpflanzen bewohnenden Aecidien.“ — Unter
den Ascomyceten : *Cephalotheca* (nov. gen.) sulphurea; dem
Chaetomium verwandt, auf Eichenholz. Ceph. curvata n. sp.
ebenso, in hohlen Stämmen, selbst bis 1 Zoll tief in faulem
Holze. — *Mytilinidion* rhenanum n. sp. (aggregatum olim
in fg. rhen. 761 und Symb. myc. 93). Ebenso Myt. ge-
mmigenum n. sp. an Lärchen. Perennirend wie bei Lo-
phium, so dafs die vorjährigen im folgenden Frühjahr
wiederum Schläuche treiben. Verf. konnte ganz bestimmt
neben den alten braunen Sporen büschelweise junge
Schläuche und Sporen entstehen sehen. Das feste Zu-
sammenschliefsen der Scheitelfissur erklärt auch hinläng-
lich das schwierige Ausstreuen der Sporen. Die Querstreifen der Perithecien, welche bei diesen Pilzen so charakteristisch sind und von denen man z. B. bei *L.* dolabri-
forme bis 10 zählen kann, bedeuten eben so viele Wachs-
thumsperioden; und da das Auswachsen der Schläuche so
langsam vor sich geht, so dafs binnen 3 Monaten kaum
ein Voranschreiten an denselben bemerkbar ist, so glaubt
F. diese Querstreifen füglich als Jahresringe bezeichnen
zu können. Es würde also obiges Exemplar 10 Jahre alt
sein ! Das anfangs sitzende Loph. mytil., auf faulem Holze
wachsend, ist zuletzt lang gestielt, weil durch die Länge
der Zeit das Holz verschwindet. — *Ceratostoma* piliferum.
Im lebenden Zustande wurden am Gipfel der Schnäbel
wasserhelle, ziemlich grofse Kugeln ähnlich wie bei Sphae-

ronema ausgestofsen. — Cer. multirostratum, in fg. rh. 771
irrig als cylindricum ausgegeben. — *Dilophospora* graminis, Schlauchform — nicht identisch mit Pleospora — bei
Bonn (Körnicke). Berichtigung der Angaben in Symb.
über dieselbe. — *Pleospora* Sowerbyi; dazu vielleicht Sporidesmium scirpicola Fuck. — Pl.? acicola n. sp. — *Didy-
mosphaeria* oblitescens. Die Pyknidenform ist Diplodia
mamillana Fr. Etwas abweichend von Berkeley's Beschreibung und Abbildung. — *Massaria* Fagi n. sp. Die Pycnidenform ist ein Stegonosporium. In den Schlauchsporen
kaum verschieden von M. pupula und Aesculi, deutlich aber
in den Stylosporen. — M. Corni und Rubi n. sp. — *Amphisphaeria* alpigena (Jura, Morthier) und Hederae n. sp.
— *Melanomma* pulvis pyrius (Nke) Pers.; dazu wohl unzweifelhaft Helminthosporium velutinum als Conidienform.
Auf Alnus öfter beide gemeinsam aus denselben Rinden-
rissen, also wohl aus demselben Mycelium. — M. aterrima
n. sp. (Dieser grofsen Formverschiedenheit gegenüber gilt
sonst nach F. allerdings in vielen Fällen die Regel, dafs
die Conidien und die Schlauchfrüchte einer Species in der
Form übereinstimmen.) — *Teichospora* hispida, macrosperma novae sp.; taphrina (Fr.), deren Schlauchform
Sphaeria taphr. Fr. ist. Wahrscheinlich ist Diplodia polymorpha dNt. mit der Conidienform identisch. — *Tremato-
sphaeria* porphyrostoma (Sphaeria Kz.) und Morthieri n.
sp. — *Melomastia* (Nke ined.) Friesii (Sphaeria mastoidea
Fr.). *Otthia* n. sp. : Pyri, Coryli, Xylostei, Crataegi. Di-
dymosphaeria Xylostei Symb. ist als solche zu streichen
und gehört hierher. — *Cucurbitaria* naucosa; davon die
Conidienform unter Coryneum umbonatum in den fg. rh.
1528 ausgegeben. Neu : C. Coryli, Juglandis, bicolor.
Letztere im Decb. mit Spermatien erfüllt, reifte im Beob-
achtungsbeete *) im folgenden Mai mit Schläuchen. *Nectria.*

---

*) Diefs Beet befindet sich an einer schattigen Stelle im Garten,
unter Bäumen, und sieht aus wie ein Mistbeet. Es bildet ein längliches

Neu : applanata, scheint die einzige Art, bei der unzweifelhaft Pycniden beobachtet wurden. N. turbinata n. sp. —
Sphaerostilbe neu: flavo-viridis und fusca. Im Herbst unreif;
reifte über Winter, im April, unter nachträglicher Ausbildung neuer Perithecien. — *Hypocrea* stipitata (Sphaeria
Lib.); Sporen nicht kugelig. „Dafs Hoffmann, in seinem
Index Fung., bei Sphaeria stipitata Curr. den Libert'schen
Pilz aufführt, beruht auf einem Versehen." — II. repanda
n. sp. — *Aglaospora* Taleola Tul. Stylosporenform. Noch
bevor diese verschwinden, reifen die im unteren Theile des
Stroma's innerhalb der bekannten schwarzen Grenzlinie
sich bildenden Perithecien. — *Calospora* Berkeleei (Mclau-
conis Tul.). Pycnidenform. Aeufserlich sind die Pycniden
von den schlauchführenden Perithecien nicht zu unterscheiden. — *Fenestella* macrospora n. sp. — *Thyridium*
rostratum n. sp. — *Valsa* populina n. sp. Dazu Nema-
spora pop. P. als Spermogonie. — V. Laurocerasi Tul. Hierher Cytispora Laurocerasi, als *Blatt*form derjenigen Spermogonien, welche die Rinde der Aeste bewohnen, um
welche sich später die Schlauchfrüchte lagern. Bau etc.
gleich, doch können sich wegen des ungeeigneten Substrats
keine schlauchführenden Perithecien auf dem Blatte an-

Rechteck, 16 Fufs lang auf 6 Fufs Breite, und ist mit Bohlen eingefafst,
welche auf der steilen Kante stehen. Die Bodenoberfläche ist 1 Zoll
hoch mit feiner Erde bedeckt, auf welche (zur Abhaltung der Regen-
würmer) eine 1 Fufs tiefe Schicht aus blauem Letten folgt. Bei sehr
trockenem Wetter wird die Oberfläche zeitweise mittelst feiner Brause
mit Brunnenwasser begossen. Die ganze Oberfläche ist mittelst stehen-
der Backsteine in 18 nummerirte Bootchen abgetheilt. In diese werden
die Zweige oder Holzstücke mit Pilzen über Winter frei deponirt. Das
Ganze ist mit einem lockeren Drahtgitter bedeckt, um die scharrenden
Hühner abzuhalten und das Herabfallen von Blättern einigermafsen zu
verhindern. (Vgl. Jahrb. nass. Ver. XXV. u. XXVI. S. 420.)
  Ich bediene mich für ähnliche Zwecke eines hohen Holzstosses aus
morschen Stämmen, Aesten und Zweigen, welcher an einer schattigen
Stelle des botan. Gartens aufgeschichtet ist. Doch leidet derselbe in
den äufsersten Schichten mitunter von Trockniss.   H.

lagern. Sicherlich verhält es sich ähnlich bei allen Cytisporen, die so häufig auf weichen Pflanzentheilen, Blättern, Fruchtfleisch etc. vorkommen; also die foliicolae der Symb. Auch fand F. öfters Cytisporen im Fleische dürrer faulender Zwetschen, Aepfel und Birnen. Ein analoges Verhalten bietet Valsa Friesii dar, wo vorzugsweise die Spermogonien auf den Blättern erscheinen und nur sparsam auf den Aestchen; letztere sind aber bis auf die glänzend schwarzen Gehäuse mit den Blattbewohnenden identisch. — V. olivacea n. sp. — V. sordida. F. sah hier einmal, wie bei den reifen schlauchführenden Perithecien deren Inhalt als goldgelbe Ranke ausgestofsen wurde, äufserlich ganz ähnlich denen der Spermogonien dieses Pilzes, aber nur reife Schläuche enthaltend! Also auch in dieser Eigenthümlichkeit bekunden beide Formen ihren genetischen Zusammenhang. Noch bei keiner anderen Valsa scheint diefs Phänomen beobachtet zu sein. — V. Taxi n. sp. — Valsella; Rosae, nigro-annulata, leptostroma novae species. — Diaporthe decedens (Dialytes d. der fg. rh. 1983). Nach des Verf. neuesten Untersuchungen verschieden von Diatrype pyrrhocystis Rbh. fg. 136, sowie von D. tessera. — D. Valerianae, Cerasi novae spec. — Zu D. pulla gehöre als Spermogonienform Sphaeropsis leucostigma Lév. — Endoxyla (nov. gen.): macrostoma n. sp. Steht zwischen Anthostoma und Valsa. Hierher auch Sphaeria parallela Fr. und operculata A. S. — Euryachora, die Schlauchform schon 1867 von de Notaris aufgefunden: Dothidea (Placosphaeria) Sedi. — Fuckelia amoena. Die Sporen an beiden Enden mit unregelmäfsig gewundener hyaliner Schleimmasse versehen, welche bald nach deren Austritt aus dem Schlauch abfällt. Bei F. rhenana sind die Sporen bleibend in eine ungleichseitige hyaline Schleimmasse eingehüllt. — Coronophora macrosperma und abietina n. sp. — Sporormia gigaspora n. sp. — Sordaria lignicola n. sp. Das erste Beispiel von einem Holzbewohner aus dieser Gruppe. Die Gattungen Malinvernia und Cercophora seien wohl nicht haltbar. Verf. hat früher irrig den Sporen beider Genera nur 1 statt 2 Anhängsel zugeschrieben. — *Propolis* Betulae n. sp. — *Hysterium* Typhae n. sp. — *Phacidium* Cytisi und salicinum n. sp. Die Spermogonien- und die Schlauchform sicher beobachtet. — *Excipula*, nahe verwandt mit Rhytisma und Phacidium. Sporen wenig bekannt. — *Agyrium* densum n. sp. Die Conidienform ist Myriocephalum densum a Carpini. Hiermit ist die genetische Beziehung, wenn auch nur Eines Myriocephalums, zu einem Ascomyceten dargethan. Wahrscheinlich werden die Schlauchfrüchte der übrigen ebenfalls unter Agyrium zu suchen sein. Da bei Ag. keine offene Cupula vorhanden, so möchte es, auch seinem übrigen Baue nach, neben Rhytisma und Excipula (in F.'s Sinn) zu stellen sein. — *Cenangium* parasiticum n. sp. — Dazu als Pycnide : Sphaeronema caespitosum fg. rh. — Zu *Dothiora* ist nun die Spermogonienform aufgefunden. D. Xylostei n. sp. Pycniden (Sphaeronema Lonicerae f. rh.); Spermatienform, Schlauchform. — *Retinocyclus* (n. gen.) flavus. Dazu als Pycnide : Nectria Resinae Fr.; als Schlauchfrucht : Pezicula Resinae Fck. Symb. Ein merkwürdiger Zusammenhang. Nicht allein sah F. wiederholt beide aus einem und demselben Mycelium (oder gelber, fleischiger Unterlage, oder Fortsatz) entspringen, sondern er sah auch, wie die Mündung der N. Res., nachdem sie die bekannte weiße Sporenmasse ausgestoßen, sich nach und nach erweiterte und zuletzt die vollkommene Cupula der Pez. Res. bildete! Doch ist der Proceß ein äußerst langsamer, in $\frac{1}{4}$ Jahr war kaum ein Voranschreiten zu bemerken. Die Sporen der Pycniden und der Schläuche sind ganz gleich. — R. olivaceus n. sp. — *Lachnella* Lonicerae (Fr.). Hierher L. Periclymeni Fuck. — *Coryne* corticalis n. sp. Conidien : Calocera cort. Fr. Die spät erscheinende, zarte Schlauchform dürfte leicht erfrieren und daher im Freien selten ausreifen; F. hielt sie im Zimmer in einem lose bedeckten Blumentopfe, wo sie im Januar fructificirte. — *Bulgaria* inquinans. Die zugehörige Tremella foliacea ist nun auch auf Eichenholz gefunden. *Niptera* microcarpa n. sp. Dazu als Conidienform Cladobotryum gelatinosum. — N. caesia mit Conidien und Schlauchform. — N. Teucrii n. sp. — *Pyrenopeziza* Phyteumatis n. sp. — Ueber *Tapesia* Rosae; hat 2 Stadien mit Becherform. — T. minutissima n. sp. — *Polynema* aurelium (Arachnopeziza aurelia Symb.) — *Dasyscypha* atro-violacea n. sp. — *Bispora* monilifera. Die Schlauchform fand F. nun auch auf Fagus-Stämmen, schon früher auf Carpinus. — *Helotium* aeruginosum. Die Spermogonienform, wie sie Tul. beschreibt (unter Chlorosplenium), fand F. im Frühjahr auf dem spangrünen Eichenholz, auf welchem im Herbst die schlauchtragenden Becher erscheinen. [Ich fand dieselbe bei Giefsen gleichfalls Ende März. H.] — H. immutabile n. sp. — *Humaria* fimeti n. sp. — II. Unter den Fungi imperfecti : Stilbum vulgare T., auffallend massenhaft zusammen mit Peziza rorida. Mit Sphaerostilbe habe es nichts gemein. — Aufserdem zahlreiche Verbesserungen früherer Edita und Publicata des Verf. Am Schlufs ein Namenregister.

Wenn man bedenkt, was es heifst, in einem kleinen Orte, wie Oestrich, Wissenschaft treiben, so darf man dem Autor Glück wünschen und sich freuen, in einem Lande zu leben, wo dergleichen möglich ist. Man mufs des Verf. Ausdauer durchaus bewundern, seine glückliche Mufse wird man beneiden. Dafs er kein deutscher Tulasne geworden ist, liegt nicht an seiner Persönlichkeit, sondern an äufseren Verhältnissen.

64) Craze-Calvert, über die Entstehung und das Leben der niedrigsten Organismen. Sucht die Bastian'-schen Aufstellungen zu Gunsten der *Generatio spontanea* zu widerlegen. Verf. erhitzte organische Flüssigkeiten, welchen er Vibrionen und Mikrozyma zugesetzt hatte, in verschlossenen Gefäfsen auf 149—204° C., wobei sich herausstellte, dafs in diesem Falle alles organische Leben bleibend aufgehoben wird und keine Neubildung stattfindet.

Dagegen können — wie schon genügend nachgewiesen ist — diese Organismen sehr wohl eine Erwärmung der Flüssigkeit (unter gewöhnlichen Verhältnissen) auf den Siedepunkt des Wassers eine Weile überleben. Eine Kälte von — 9° C. wirkt nur ganz vorübergehend nachtheilig auf dieselben ein. (Proceed. royal Society no. 128. 1871; s. Naturforscher 1871. S. 282.)

65) H. Hoffmann, kritisches Referat über Th. Hartig's Versuche betr. generatio spontanea. (Heyer's allgemeine Forst- und Jagdzeitung 1871. Sept. S. 358. 359.)

66) M. Girard giebt einen Bericht über den jetzigen Stand unserer Kenntnisse bez. der *Seidenraupen*-Krankheiten, mit besonderer Berücksichtigung der Pasteur'schen Untersuchungen. (Bullet. mens. soc. d'acclimatation. VIII. p. 219—241. Paris 1871.)

67) J. B. Schnexler fand im condensirten *Nebel* einer *sumpfigen* Localität des Rhonethals, in einer fieberreichen Gegend, ganz wie früher Salisbury in Cleveland (Ohio), mikroskopische Organismen; theils einzelne oder zu zweien vereinigte Zellen, die sich zum Theil durch Sprossung vermehrten; andere waren in Ketten gereiht, zum Theile beweglich. Auch kleine Infusorien kamen vor. In Zuckerwasser producirten die Zellen ein Mycelium und unter Umständen auch Bacteridien. (Bull. soc. vaudoise sc. n. X. Lausanne 1871, p. 557.)

68) H. W. Ravenel (Aiken, South-Carolina) giebt eine summarische Uebersicht der Zahlenverhältnisse *texanischer* Pilze. (Reports on the Diseases of cattle in the united states. Washington 1869. p. 169.) Die Untersuchung galt zunächst dem Präriegras und Heu und bezog sich auf die dort herrschende Rinderpest. Das Resultat war negativ. Es fanden sich entschieden zu dieser Zeit (Frühling) keine entophytischen Pilze in genügender Menge, um Beachtung zu verdienen. Im Ganzen wurden 285 Species gefunden; 64 Hymenomyceten, 151 Ascomyc.,

13 Gasterom., 26 Hyphom., 28 Coniom. Statistische Vergleichung mit Carolina. — Bezüglich des Blutes der kranken Thiere wird erwähnt, daſs darin Micrococcus und Cryptococcus gefunden wurden, aus welchen Hallier das Coniothecium Stilesianum gezüchtet habe, genannt zu Ehren eines Mikroskopikers in New-York, welcher die Pflanze zuerst entdeckte. H. äuſserte brieflich die Ansicht, dieser Pilz müsse auf Weidepflanzen zu finden sein; allein R. fand nichts dergleichen. Ueberhaupt sei der etwaige Causalnexus sehr difficiler Natur. Vielleicht Analogie mit „Parthenogenesis oder Generationswechsel."

69) J. S. Billings und E. Curtis, report of results of examinations of fluids of *diseased* cattle with reference to *cryptogamic* growths. (Ibid. p. 174—190; nebst 1 Tafel mit Abb. von Mucor racemosus, Aspergillus, welches die am gewöhnlichsten bei geeigneter [in der That sehr rationeller] Cultur aus dem kranken Blute entstehenden Pilze seien; ferner von Bacterien, Hefe, Penicillium, Monas Crepusculum. Indeſs sei nicht gewiſs, ob Pilze trotz aller Sorgfalt nicht als nachträgliche Verunreinigung anzusehen seien.) Bei dieser Unmöglichkeit ganz sicherer Reincultur fanden die Verff. es geeignet, comparative Versuche (mit nicht kranken Thieren u. s. w.) auszuführen. — Wie schwer es ist, sich vor zufälliger Sporeninvasion bei derartigen Versuchen zu schützen, beweist der Umstand, daſs die Verff. mehrmals Sporen verschiedener Pilze keimen sahen, nachdem dieselben 1—2 Minuten in Alkohol gelegen hatten *). — Als Substrat für die Culturen wurde Fleisch, Blut, Kartoffel etc. angewendet. Es wurden durch die Culturen *nicht* erzielt: Ustilago, Coniothecium, Tilletia, „welche bei Hallier's Versuchen so häufig erschienen; was wahrscheinlich auf dem Umstande beruht, daſs in den

---

*) Wiesner lieſs lufttrockene Hefe stundenlang in Alkohol liegen, ohne ihre Gährfähigkeit zu beinträchtigen. S. myk. Ber. I. ed. 1870. S. 38.

Raum unserer Untersuchungen niemals derartige Pilze gebracht worden waren." Ueber die Causalität wissen die
genannten Forscher nichts zu sagen, da diefs aufserhalb
ihres Untersuchungsfeldes liege. Das Blut wurde beim
eben verendeten Thiere aus der angeschnittenen Jugularis
entnommen, indem ein Glasröhrchen mit ausgezogener
Glasspitze (vorher ausgeglüht, die Spitze zugeschmolzen)
eingesenkt wird; dann brach man die Spitze ab, worauf
durch den Luftdruck etwas Blut eintrat. Wollte man das
Blut, welches übrigens bald gerinnt, unverändert aufbewahren, so genügte es manchmal, sofort das Röhrchen an
der Weingeistlampe zuzuschmelzen. Aehnlich wurde mit
dem Harn, der Galle etc. verfahren. Es gelang auf diese
Weise, Lungenserum einer gefallenen Kuh über einen Mo-
nat lang ansteckungsfähig zu conserviren, wie durch Ino-
culationsversuche von Reid nachgewiesen wurde.

Endergebnifs : In der contagiösen Pleuropneumonie
des Rindes ist kein besonderer Pilzkeim vorhanden (im
Blute oder den Secretionen), daher die Theorie von der
kryptogamischen Ursache dieser Krankheit unhaltbar ist
(181). — Bezüglich des Milzbrandes (Texas or splenetic
fever) wurde das Material von Prof. Gamgee geliefert;
im frischen Blute war nichts Besonderes zu finden (bei
550-facher Vergröfserung). Als das Blut zu Culturen be-
nutzt wurde, war es bereits etwas zersetzt, enthielt — wie
auch sonst gewöhnlich — Bacterien und Plasmagranulatio-
nen (Micrococcus); der Urin auch Cryptococcus. Cultur-
resultat wie oben, alle möglichen Schimmel, u. a. noch Coremium, und Mycelium mit Blasen (Schizosporangium,
Hallier). — Am Schlufs werden die (schon vorhin erwähnten) Beobachtungen von Stiles und Hallier besprochen und als ungenau bezeichnet. — S. 186 : Untersuchungen über die Frage, ob sich Bacterien und Micrococcus zu Hefe entwickeln. Resultat zweifelhaft; vielleicht
sind einzelne solcher Gebilde — die offenbar verschiedener
Natur sein dürften — wirklich Pilze, d. h. zu Pilzen ent-

wickelungsfähig. Vielleicht könnte man sie mittelst chemischer Reagentien unterscheiden. Schwefelsaures Chinin hebt rasch die Bewegung der Bacterien auf; Strychnin ist ohne Wirkung ; in 2 Gran Carbolsäure auf 1 Unze Wasser waren sie noch nach 24 Stunden sehr lebendig. Wieder andere Bacterien aus anderer Quelle wurden dagegen sofort hierdurch getödtet.

70) R i c h t e r, Neuestes über die mikroskopischen, besonders *parasitischen Pilze.* (Jahresber. Ges. Nat. Heilk. Dresd. Octob. 1870 bis Apr. 1871. S. 41.) Referat über den jetzigen Stand der Frage, worin es u. a. heifst : unangefochten seien die mehr makroskopischen, höchst wichtigen Entdeckungen H a l l i e r's, so z. B. über Sarcina, und dafs alle höheren Formen beim Zurückgehen zu Micrococcen werden. Ueber Microc. und Hefen finde man sehr gutes, namentlich ganz unparteiisch gehaltenes Material in dem Buche von K a r s t e n : der Chemismus in der Pflanzenzelle. Zu den Micrococcen gehören u. a. Vibrio, Gregarinen ; wenn sie grün sind, heifsen sie oft Palmella; dahin auch die Coccolithen auf dem Meeresgrund. Ferner Bathybius, der H ä c k e l'sche Urschleim. Zweifellos waren vor Millionen von Jahren unsere jetzigen Kreidefelsen nichts weiter, als solcher Urschleim. Der Beweis ist einfach. Vom Ref. wird gesagt, er bestreite mit d e B a r y, dafs man aus Hefe Pilze cultiviren könne. Die Ubiquität der Pilze wird u. a. damit bewiesen, dafs ein Forscher in Manchester in einem Wassertropfen 200,000 Pilzsporen zählte. Die Astronomie lehre endlich das Vorhandensein von Micr. im gesternten Weltraum. Die Kohlen- und Humussubstanz der Meteoriten können ja nur unter Mitwirkung von Pilzen entstanden sein.

D e r s e l b e : Ueber krankmachende Schmarotzerpilze. (Ibid. S. 57.) Fortsetzung. — Klagen über die „unritterliche und unehrenhafte (!) Weise", wie gegen H a l l i e r gestritten werde, über die Vernachlässigung dieser Studien an deutschen Universitäten. Im ganzen grofsen Deutsch-

land seien nur in dem kleinen Jena 200 Thaler für para-
sitologische Versuche ausgesetzt. — O, wenn wir das Alles
in unserer Jugend gewufst hätten, wie viel Mühe und Arbeit hätten wir uns bezüglich der nun so einfachen und
kinderleichten Pilze ersparen können! Damals waren sie
sehr, sehr schwer, und fast Niemand wagte sich daran,
sicher nicht ohne kundigen Führer und schwer zu erlan-
gende Legitimation. Jetzt ist das anders geworden, einen
Pafs braucht Niemand mehr. Jetzt versteht sie Jeder. —
Doch für diefsmal genug. — Vergleicht man im Rück-
blicke die quantitative Thätigkeit (um von der qualitativen
zu schweigen) auf dem Gebiete des Micrococcus im abge-
laufenen Jahre mit den Vorjahren, so ist eine bedeutende
Abnahme unverkennbar; noch ein, zwei Jahre, und er ist
aufser Cours. Die Stimmen pro haben nicht an Kraft ge-
wonnen; die Stimmen contra mehren sich bedenklich;
Nachfrage im Abnehmen. In Fleisch und Blut der Wissenschaft ist er nicht übergegangen.

71) Bulletin de la *Société botanique de France.* XVII.
1870. Compt. rend. d. séances. 1. 2. 3. — Die Mehrzahl
der hier befindlichen mykolog. Aufsätze ist schon früher
anderweitig publicirt worden und über diese bereits referirt.

S. 59. J. de Seynes, über die erste Entdeckung
der Pilzsporen. Unzweifelbaft durch Micheli.

S. 75. Rede am Grabe J. Léveillé's von Decaisne;
S. 77 : ebenso von Cordier. L. war geboren am 28.
Mai 1796 und starb am 3. Febr. 1870. Er lebte als praktischer Arzt in Paris, gute „Geschäfte" scheint er nicht
gemacht zu haben. S. 79 : Verzeichnifs seiner Schriften.
Am bekanntesten sind seine Arbeiten über Uredineen, Sclerotium, Erysiphe, besonders aber die über das Hymenium
der Agaricinen. Er hat ein unvollendetes Dictionnaire my-
cologique hinterlassen.

S. 258. E. Roze, Impfung von Podisoma fuscum Cd.
und clavariaeforme Dub., Erzeugung von Roestelia cancellata R. und lacerata S. (Aec. penicill.). Die Juniperus-

zweige mit Podisoma dienten, in Wasser gestellt, Anfangs
Mai durch 14 Tage zur Impfung; die zu impfenden Cra-
taegus-Pflanzen befanden sich in Töpfen, was wesentliche
Vorzüge vor Freilandpflanzen hat. Vor der Impfung bleiben die Podisomafetzen 24 Stunden lang in wenig Wasser
liegen, um sie keimen zu machen. Uebertragung mittelst
eines Pinsels auf die jungen Blättchen und Zweige. Nach
8 Tagen erscheinen die Spermogonienflecken; nach 1 Mo-
nat Röstelia lacerata; R. cancellata dagegen braucht 4—5
Monate. — Die Ansteckung von Juniperus durch Röstelia
ist noch nicht gelungen. P. fuscum ließ sich nicht auf
Crataegus übertragen; scheine zu Sorbus auc. und Ame-
lanchier vulg. zu gehören und Röstelia cornifera (Aecid.
cornutum P., Aec. Amelanchieris DC.) zu bilden. (S. Bot.
Ztg. 1869. S. 430; und Myk. Ber. I, 1870. S. 58.)
Eine biologische Unterscheidung in Uredosporen und Teleutosporen bei Pod. Juniperi-Sabinae konnte R. nicht
durchführen, obgleich der Formunterschied eine solche Ver-
schiedenheit anzeigt.

S. 283. E. Roze, einige Versuche über das *Mutter-*
korn des Roggens. Wachsenden Roggen- und Waizen-
pflanzen wurde zur Zeit der beginnenden Blüthe eine Anzahl frischer Claviceps purp. (auf Erde in Töpfen gezogen)
bleibend angenähert; aber es fand nur sehr geringe spontane Ansteckung statt. Es kündigte sich diese durch das
bekannte Austreten eines klebrigen weißlichen Saftes an;
ein Phänomen, welches bereits von Tessier bemerkt
wurde (Traité des maladies des grains, 1783). Dieser Saft
ist mit Conidien erfüllt. Verf. löste denselben in Wasser
auf, in welches dann blühende Getreideähren eingetaucht
wurden; 1/2 derselben wurde dadurch angesteckt, was sich
wie oben anzeigte. Auch auf Triticum repens fand Uebertragung statt. — Ferner Ansteckung durch Wasser, in
welchem Clavicepsköpfe in zerschnittenem Zustande ver-
theilt worden waren; 1/4 der blühend eingetauchten Roggenähren wurde angesteckt; Waizen nur einzeln, ebenso

Trit. rep. Dagegen keine Uebertragung auf Dactylis gl., Brachypodium sylv., Arrhenat. el. und Anthoxanth. od. — Lolium perenne (dessen Blüthe sich gänzlich öffnet, was bei den obigen grofsentheils nicht der Fall ist) eignete sich zur Beantwortung der Frage, welcher speciel le Theil der Blüthe denn eigentlich zunächst angesteckt wird. Das Ergebnifs der Impfung mit Conidiensaft auf die Narben war sehr günstig, fünf von sechsen wurden angesteckt. Verf. glaubt, dafs in der freien Natur durch Wind, Regen und Insecten der Conidiensaft verbreitet und die Ansteckung vermittelt werde. — Zweijähriges Mutterkorn, wenn trocken aufbewahrt, brachte keine Claviceps mehr hervor. In Erde erhielt es sich in einem Falle 16 Monate lang keimfähig.

Cornu (ib. S. 287) züchtete aus Mutterkorn von Nardus stricta und Cynodon Dactylon die Claviceps microcephala. Sie erschien erst im Mai und hielt 4 Wochen; die Claviceps purp. (in einem Parallelversuch) kam schon im Februar und hielt 2 Monate.

S. 296. Chaboisseau macht Mittheilungen über einen Folianten von Oelgemälden, Pilze darstellend, welche von Hörmann unter Leitung von Scopoli um 1760 ausgeführt worden sind.

S. 297. Sitzung vom 11. Novbr. 1870. M. Cornu : eine neue *Saprolegniee*, Achlyogeton Solatium auf Oedogonium. Innerhalb der deutschen Cernirungslinie während der Belagerung von Paris aufgefunden. Das Oogonium befindet sich im Innern des Wirthes; es hat Cylinderform, von welcher in rechten Winkeln Verlängerungen ausgehen.

In der zugehörigen *Revue bibliographique B.* S. 49—96 ist u. a. über folgende Arbeiten referirt.

S. 56. C. Roumeguère, Cryptogamie illustrée. Fam. des *Champignons*, contenant 1700 figures, représentant, à ses différents âges, la plante de grandeur naturelle et l'anatomie de ses organes de végétation et de reproduction, dessinés au microscope composé. Un volume in 4°

de 164 pages. Toulouse, imp. Lupière. Paris, chez J. B.
Baillière et chez F. Savy. 1870. Prix 25 fr. — Der Generationswechsel gewisser Pilze (u. a. der von Oersted
beobachteten) wird bezweifelt; man würde mit der An-
nahme desselben sich der gewagten Darwin'schen Hypo-
these in die Arme werfen. Die Hallier'schen Culturversuche hält R. dagegen für höchst wichtig. Gegen generatio
spontanea. In der zweiten Abtheilung werden die Genera
abgehandelt. Eine Anzahl der Abbildungen sind Copien.

S. 73. Brefeld, Dictyostylium mucoroides.

S. 76. Lauder-Lindsay, micro-fungi : Lecidea
endocarpicola, Habrothallus Moorei, Peziza lichenoides.

S. 79. Anz. der Hedwigia VIII.

S. 81. Borscow, Ammoniakausscheidung der Pilze.

72) Hedwigia, Notizblatt f. kryptog. Studien und
Repertor. f. kryptog. Literatur; ed. L. Rabenhorst. IX.
1870. Nr. 1—12. — Nr. 1. Schröter, Synchytrien. Referat; — ebenso über Cohn : Pilzepidemien bei Insecten.
Schneider, über Sclerotium und Calyptospora Göppertiana. — 2. Erbar. critt. ital. ed. de Notaris e F. Bag-
lietto. Ser. II. fac. V. no. 201—250. Genova 1869. [cf.
myk. B. II. ed. 1871. S. 68.] — 3. Schulzer v. M., Polymorphismus. — Schröter, Rostpilze. — M. C. Cooke,
on the genus *Lophiostoma*, Not. of british Fungi (aus
Transact. bot. Soc. IX. 186⁷/₈.) Umfasst die Sphaerien-
Abtheilung II. Erumpentes e. Lophiostomae Fr. Su. p. 391.
Typisch sind S. excipuliformis und macrostoma. Charakter :
Perithecia carbonacea erumpentia, ostiolum latum compres-
sum; sporidia bi-multicellularia, colorata v. hyalina. Die
Species (die neuen mit Diagnosen) sind : macrostoma Fr.,
bicuspidata Curr. nov. sp. (Sph. macrostoma C. olim), viri-
daria n. sp., nucula (Fr.), fibritecta B., angustilabra (B. B.),
sex-nucleata n. sp., excipuliformis (Fr.), Jerdoni (B.
B.), caulium dNt., arundinis dNt., semilibera dNt. —
4. J. Kühn, über die *Sclerotien*-Krankheit des *Klee's*.
(Aus landw. Wochenblatt des k. k. Ackerbau-Minist. I.

Nr. 1. 2.) Peziza ciborioides Fr. [vgl. des Ref. ic. an. fg.
t. 16.] Beginnt als weilses Fadengewebe an der Basis von
Roth- und Weifsklee. Scleroticn oberflächlich, seltener im
Innern, wobei der Stock abstirbt. Sie entwickeln sich vom
August an; die Fruchtschüsseln im September bis zum
Winter, bisweilen 2—3 aus demselben Scler., von unglei-
chem Alter. — Bail über Myxomyceten. (Aus naturf.
Ges. Danzig. Sitz. 9. Febr 1870.) Ferner über Dictyostelium mucoroides. Natur der Myxomyceten pflanzlich.
Die Verschmelzung ihrer einzelnen Amöben zu Plasmodien
erinnert an die Vereinigung der Macrogonidien von Hy-
drodictyon, an die Anastomosen von Pilzmycelien. [Bei
vielen Infusorien kommt derartiges Zusammenfliefsen
mindestens zweier Individuen vor. Ref.] Vermutheter Einflufs des Abtrocknens von oben bei dem Aufsteigen des
Plasmodiums zum Behufe der Sporangiumbildung bei Stemonitis u. s. w. — Karsten, P. A., Monogr. Pezizarum
fennicar. 1869. Diagnosen der nov. sp. Aleuria : propin-
quata, ochracea (onotica var. ochr. Fr.), solitaria, perforata,
assimilata, echinospora, semiimmersa, caniua, nobilis
(subfurfuracea Nyl.), deerrata, intermixta, deformis, obnupta,
modesta, convexella, abundans, praecox, proximella, gemella,
avicularia, articulata, oligotricha. — Peltidium : oocardi
Kalchb. v. lignaria. — Pulparia : arctica. — 5. Unger
und Kotschy, Cypern. — Erbar. critt. ital. Forts. Auf-
zählnng der Nummern 251—300. — 6. Karsten, Pez.
fenn., Forts. Encoelia : Keine neue. — Phialea : con-
scripta (scrotina K. ol.), subferruginea Nyl., confinis, cya-
thoidea v. multicolor, dolosella, aeruginella, robustior, juni-
perinella, caudata, languida, parilis, discreta, herbicola
(Rubi Lasch. v. herbic. Rbh.), trabinella. — Allophylaria:
cucrita, sublicoides. — Gorgoniceps : aridula. — Schneider, schles. Formen von Peronospora und Cystopus: Aufzählung aller Arten nebst Angabe des Wirthes. Ebenso
der von S. gesammelten Synchytrien, Protomyceten und
Ustilagineen. — Hoffmann, mykolog. Ber. I. — Cooke,

microscopic moulds. — F i s c h e r v. Waldh. : Ustilagineen.
Auszug. — **7.** K a r s t e n, Pez. fenn. Forts. *Mollisia :* con-
formata, pileata, vasaënsis, petasata, obstricta, limosella,
lutiseda, merimaskuensis, ciliifera, quisquiliaris, fennica,
stemmata. — *Aleuriella :* personata. — *Apostemium :* fis-
cella. — *Nodularia :* ramealis. — *Clibanites :* paradoxa. —
Agyriopsis : prasinula. — **8.** Forts. *Trochila :* evilescens,
revincta, ventosa, epibrya, caespiticia. — *Ceracella :* per-
parvula. — *Niptera :* hydrophila, simillima, calamicola,
junciseda, juncinella, excelsior. — *Coronellaria :* pulicaris,
caricinella. — *Patellaria :* complicata (cinerea Batsch. livi-
dula Nyl.), ovulispora (subcrenulata f. subpallescens Nyl.),
caecula, sordidula. — *Crumenula :* callunigena, rhamniella,
urceoliformis, pusiola, Linnaeae. — *Orbilia :* delicatula, in-
flatula. — *Calloria :* extumescens. — *Tapesia :* tenebrosa.
— *Microtrochila :* scrupulosa, micraspis, tenuicula, turgi-
della, leucella, granulosella, vitreola, crispula, tenuissima.
— Nekrolog von B. A u e r s w a l d, Lehrer in Leipzig,
geb. 1818, gestorben 1870. Leitete durch 19 Jahre einen
Tauschverein. — **9.** R a b e n h o r s t, fungi eur. exs. Cent.
14. 1870. Aufzählung der Arten. Diagnosen der neuen.
— **10.** K a r s t e n, Pez. fenn. Forts. *Lachnella :* dryina,
distinguenda, galbula, lectissima, tigillaris, sauciella, impu-
dicella, elegantula, virella, hymeniophila (supra hymenium
Polypororum resupinatorum), albohyalina, melleopallens,
eurotioides, xylita, deparcula, Kolaënsis. — *Lachnea :*
selecta, filipes, spiraeaecola, longicaudata, gracilens, papy-
racea, acutipila, hyperborea, improvisa, bellula, radians,
badiella. — C o h n über A. H a n c o c k's Archagaricon.
Aehnlich den Hyphen einer Mucorinee. — H a l l i e r, Pilz-
regulativ. — **11.** M. C. C o o k e, specimens of british leaf-
fungi, collected and arranged. London, Hardwicke. 1870.
Aufzählung aller 100 Namen der betr. blattwohnenden
Pilze; — meist Uredineen. — C o h n, F., Beitr. z. Biologie der Pflanzen. I. 1870. Sollen in gewissem Sinn die
eingegangeuen botan. Unters. ed. H. K a r s t e n ersetzen.

Enthält Schröter, Synchytrium; Cohn, Tarichium. Schröter, Stammfäule von Pandan. Cohn, Crenothrix. Auszüge. — **12.** Jack, Leiner, Stitzenberger, Kryptogamen Badens. fsc. 18, 19. no. 801—900. Constanz, 1870. Aufzählung der Namen, darunter mehrere Pilze, u. a. Trametes cinnabarina.

73) Oudemans, C. A., beredenecrende Catalogus van de eerste twaalf afleveringen van het *Herbarium* van *nederlandsche* Planten. (Overgedrukt uit 't Nederl. Kruidk. Archief. 1871.) Das Herbar erscheint seit 1867 unter Leitung des Verf. und enthält Phanerogamen und Kryptogamen, die Lieferung zu 50 Nummern. Die Auflage beträgt 12 Exemplare, die Abnehmer (meist öffentliche Anstalten, u. a. das Reichsherbarium zu Leiden) sind aufgezählt; ebenso die Contribuenten. Die Pilze umfassen S. 39—45, davon 19 vom Verf. aufgefundene für das Gebiet neu. Unter jenen : Hydnangium carneum W., von Pflanzentöpfen im amsterd. bot. Garten; Ustilago typhoides auf Phragmites, Melampsora Euphorbiae Tul. (mit der Form teleutosporifera : Rhytisma Euphorbiae Schub.), Podisoma fuscum Oerst. (und zwar die Hymeniumformen : Röstelia cancellata Reb. und die Teleutosporenform : Podisoma Sabinae Fr. auf Jun. Sab. im botan. Garten in Amsterdam. Puccinia obtegens Tul., wozu Uredo suaveolens P. Uredo Rubigo vera DC. auf Holcus lanatus. Cystopus spinulosus. Cryptospora salicella Fuck.(=Discella carbonacea B. Br.) Nectria Oudemansii Westd. — Sphaerella maculaeformis Fuck. (Septoria castaneaecola Dsm.) — Sphaeria Angelicae Fuck. (Phoma complanata Dsm. = Aposphaeria complanata Berk. als Spermogoniumform). Xylaria filiformis, longipes Nk., Morchella esculenta, Pyronema melalomum Fuck. und omphalodes Bull.

74) A. Mayer, Unters. über die alkoholische *Gährung* und die Ernährung des Bierhefepilzes. (Landw. Vers. Stat. 1871. XLV. S. 1—76). Fortsetzung der früheren Versuche des Verf., eingeleitet durch eine kurze Recapitulation der

damals gewonnenen Resultate. Verf. entdeckte, dafs — sehr
unerwartet — der Zucker schwefelhaltig ist, wodurch es
schwierig wird, experimentell nachzuweisen, ob *Schwefel*
zur Gährung erfordert wird; eine Frage von Wichtigkeit,
weil man im Hefealbuminat Schwefel als wesentlichen Bestandtheil annimmt. Diese Schwierigkeit ist denn auch
jetzt noch nicht überwunden. Ebenso liefs sich, aus ähn-
lichem Grunde, nicht entscheiden, ob Gährung ohne allen
Kalk möglich ist. — In der Bierwürze ist die Diastase
das *stickstoffhaltige* Nährmittel der Hefe, kein Albuminat.
Dabei ist es gleichgültig, ob man die Diastase bei der Darstellung überhitzt (über 70°, wodurch sie die Fähigkeit
verliert, Stärke in Zucker überzuführen), oder nicht. —
Das stickstoffhaltige Hefeextract verhält sich der Diastase
sehr ähnlich, und leistet als Nabrungsmittel für Hefe dieselben Dienste. Die Diastase kann mit bestem Erfolge
durch Pepsin ersetzt werden. (Hierbei Bemerkungen über
die Versuche von Bialoblocki und Rösler.) Auch das
Pepsin kann ohne Nachtheil überhitzt werden. (Pepsin ohne
Hefe bringt indefs keine Gährung hervor.) Dagegen sind
Ptyalin und Pankreatin schlechte Ernährer der Hefe.
Danach sind die *Ferment*wirkungen dieser Körper in ihrem
innersten Wesen ganz verschieden, als rein chemische Acte,
von dem *vitalen* Acte der Weingeist*gährung.* [Wünschens-
werth wäre, beide Dinge durch Worte bestimmt zu unterscheiden, etwa Katalyse *) und gasige Zuckerspaltung.]
Bei dem ganzen Vorgange ist es nothwendig, sich den
Zucker des protoplasmatischen Zellsaftes der Hefe als einer-
seits zur neuen Zellstoffablagerung dienend zu denken,
andererseits jene Spaltung erleidend, und nur anzunehmen,
dafs der Verlust dieses Zuckers bei der gewöhnlichen Gäh-

---

*) M. hält diese Action für rein chemische Reaction, erinnernd an
die Wirkung der Schwefelsäure bei der Aetherbildung aus Alkohol.
(S. 66.)

rung in zuckerhaltigen Flüssigkeiten durch Aufnahme von
Zucker von aufsen wieder gedeckt würde. Dieser letztere
Vorgang würde ein einfach osmotischer sein.—Bemerkungen
über L i e b i g - N ä e g e l i's mifsglückte Versuche, mit Ammoniaksalzen die Hefe zu ernähren, und Andeutung von deren
Fehlerquelle. Unfähig zur Ernährung sind Leucin und
salpetersaure Salze; letztere eignen sich dagegen sehr zu
*Schimmel*culturen. Die morphologische Seite des „so regel-
mäfsigen Entstehens von Schimmelvegetationen" bei solchen Versuchen läfst der Verf. dabei „ganz unberührt"
(S. 30), gesteht indefs, dem Ref. gegenüber, gerne zu,
dafs die Frage bezüglich Hefe und Schimmel (mit Rücksicht auf des Verf. Beobachtungen) noch einer Discussion
fähig wäre, „wenn nicht nunmehr doch durch stichhal-
tigere Beweise endgültig" in dem Sinne der Trennung von
Hefe und Schimmel entschieden worden wäre. Roma lo-
cuta est, causa finita est. — Leucin unterstützte dagegen
sehr die Entstehung des Mycoderma vini und von schnee-
weifsen Mycelienfilzen. Dieses Mycoderma läfst sich auf
sehr verschiedenartigen Lösungen ziehen (S. 32), auch auf
Milchsäure, selbst Ameisensäure [welche nach Versuchen
von J. Z i e g l e r die gasige Zuckergährung sistirt H.]. In
vergohrenen Flüssigkeiten konnte indefs Leucin nicht aufgefunden werden. — Findet seitens der Hefe ein Stick-
stoffansatz und danach — wie bei Thieren — ein Stick-
stoffumsatz statt? Verf. macht letzteres durch ingeniöse
Versuche sehr wahrscheinlich, läfst aber, soweit seine
eigenen Versuche reichen, die Form zweifelhaft, in welcher
der verbrauchte Stickstoffkörper ausgeschieden oder sonst
wie inactiv wird. Aus der Gesammtbetrachtung aller sonst
bekannten Untersuchungen indefs schliefst er mit Bestimmt-
heit, dafs die durch lange fortgesetztes Gähren (fortgesetzte
Vegetation) ermüdete oder erschöpfte Hefe unzweifelhaft
stickstoffärmer werde, dafs also die stickstoffhaltige Substanz in verwandelter Form, d. h. als Excret, in die um-
gebende Flüssigkeit austrete. Wir wissen nun endlich,

warum eine bestimmte Quantität Hefe keine unbegrenzten Zuckermengen zerspaltet. [Zugleich ist mit dieser Erkenntnifs die vitalistische Gährungstheorie „endgültig“ bewiesen. H.] Dem Gewichte nach wird etwa $^1/_2$ Procent des vergohrenen Zuckers an Stickstoffmaterie bei der Gährung inactiv oder verbraucht (S. 45). — Im Schlufsresumé über Leben und Treiben der Hefe ist die Klarheit, Umsicht und Reserve des Verf. besonders hervorzuheben. S. 62 f. Ueber Selbstvergährung der Hefe. Sie geschieht wohl auf Kosten eines vielleicht celluloseartigen Kohlenhydrats und läfst sich mit der fortgesetzten Bildung von Umsetzungsproducten bei hungernden Thieren oder keimenden Samen vergleichen, wo eben keine neue Zufuhr von aufsen stattfindet; also ein wahrer Hungerzustand der Hefe (64), welcher mit ihrem Tode, ihrer Erschöpfung endigt. Eine Alkoholgährung *ohne* Hefezellen sei zwar behauptet worden (Berthelot, Ann. de Chim. Phys. III. 50. p. 322), aber niemals von geübten Mikroscopikern. Der Rest der Discussion geht gegen Liebig, welcher immer noch einigermafsen die mechanische Gährungshypothese aufrecht zu erhalten scheint im Gegensatze zu der vitalen, und bespricht dann die Intervertirung des Rohrzuckers durch Hefeextract *und* durch lebende Pilze, wobei hervorgehoben wird, dafs das erwähnte Extract für sich (ohne Hefezellen) eine weingeistige Gährung zu induciren *nicht* im Stande ist. Auch wird nachgewiesen, dafs beim Erhitzen das Hefeextract bei einer anderen (höheren) Temperatur seine Kraft einbüfst, als die Hefe die ihrige, dafs es sich also hier um zwei wesentlich verschiedene Dinge handelt : Intervertirung und Gasgährung mit Spaltung. Es ist hiernach die Intervertirung des zu verdauenden Rohrzuckers seitens der Hefe (des Hefeextracts) ein analoger Procefs, wie die Magensaftverdauung der Speisen in Thieren zum Behufe der nachfolgenden Aufnahme und Verwendung in deren Organismus.

Bezüglich der Betheiligung lebender Organismen bei der *Essig*bildung ist der Verf. noch unentschieden; er gibt indefs an, auf welchem Wege der Beweis für oder wider die vitalistische Ansicht eventuell erbracht werden könnte. 75) W. Wolf und O. E. R. Zimmermann, Beitr. z. Chemie und Physiologie der Pilze. 1) Scheiden die Pilze *Ammoniak* aus? (Bot. Ztg. Nr. 18. 1871). — Anknüpfend an die Untersuchungen von Borscov, welche eine bedeutende Ammoniakausscheidung zeigten, wird bemerkt, dafs die Pilze in diesem Falle wohl zum Theil auf das Stickgas der Atmosphäre als Nahrungsmittel angewiesen sein müfsten, wie diefs in der That von Jodin nachzuweisen versucht wurde. Die Untersuchung der Verf. wurde mit ganz frischem lebendem Material ausgeführt; die Schimmel waren auf Glasstreifen ausgesäet, welche in den Apparat eingeschoben werden konnten. Der angewandte Apparat ist abgebildet. Auffangung. und Bestimmung des Ammoniaks mittelst Schwefelsäure. Mucor Mucedo : keine Ammoniakausscheidung; ebenso stolonifer mit Penicillium glaucum. Agaricus muscarius, 10 CM. hoch, der Schleier noch nicht völlig vom Hutrande getrennt, nach Abspülung der Erde mittelst destillirten Wassers, verhielt sich ebenso, obgleich der Pilz sich im Recipienten weiter entwickelt hatte, der Hut bedeutend breiter, der Strunk länger geworden war. Lactarius piperatus : nach 3 Tagen noch kein Ammoniak, auch das an den Wänden des Gefäfses condensirte Ausdünstungswasser reagirte neutral. Beim Offenliegen an der Luft ging in beiden letzteren Fällen bald eine wesentliche Umänderung vor sich, namentlich entwickelte sich Häringslakegeruch; also Auftreten von Trimethylamin. Rothes Lackmuspapier wird durch diese Exhalation gebläuet. Ein andermal wurde sogar der Lactarius mit der zugehörigen Erde inclusive Mycelium unter die Glocke gebracht (unter geeigneter Sicherung gegen Exhalationen dieses Substrates), aber immer derselbe negative Erfolg. Endlich gilt das Nämliche von

Agar. ostreatus und dem befeuchteten Sclerotium von Claviceps purpurea; bei letzterem, welches *sauer* reagirt, trat
erst nach 16 Tagen (wohl in Folge beginnender Zersetzung
mit Schimmelbildung) Abscheidung einer flüchtigen Base
auf; auch hier der Häringsgeruch. — Untersuchung, durch
welchen Fehler die abweichenden Resultate B's. bedingt
waren : nämlich sistirte Wasserzufuhr, welche zum Absterben der Pilze Veranlassung gab; dabei war irrthümlich
die oben genannte flüchtige Base für Ammoniak gehalten
worden. Die Verff. halten das Trim. für ein Umbildungs-
product aus den Nhaltigen Gebilden der Pilzsubstanz, das
übrigens bei der Fäulnifs in sehr feuchter Atmosphäre
nicht auftritt (hier statt dessen Ammoniak!). Bei den
Schimmeln konnte kein Trim. nachgewiesen werden.

[Es wäre von Interesse, den — efsbaren — Lactarius
volemus auf Trim. zu prüfen, da dieser Pilz einen Milch-
saft besitzt, welcher bekanntlich im ganz frischen Zustande
— auch oft bei jungen Exemplaren — auf die Finger ge-
strichen, deutlich nach Trim. riecht; und denselben Geruch
habe ich — wie bereits 1852 R i t t h a u s e n — bei Tilletia caries — der alten Uredo foetida! — beobachtet, als
ich gelegentlich eines Ausdrusches von Waizen mittelst
der Dreschmaschine grofse Mengen dieses Rufsbrandes
neben dem Windpfade (entsprechend dem specifischen Gewichte dieser Körperchen) vor der Maschine aufgehäuft
fand. Bei der späteren Untersuchung — im trockener gewordenen Zustande — durch Dr. J. Z i e g l e r konnte indefs kein Trim., sondern im Wesentlichen nur Ammoniak
nachgewiesen werden. H.] Auch im Mutterkorn ist das
Trim. fertig gebildet, — wenn auch gebunden — vorhanden, wie bereits W e n z e l (1865) fand und wie die Verff.
bestätigen. — Hiernach ist das Auftreten von Ammoniak
bei Pilzen nur Fäulnifsproduct.

76) Z i m m e r m a n n, O. E. R., das Genus *Mucor.*
Inaug.-Diss. Jena. Chemnitz 1871. 51 S. mit einer Tafel.
Der Name stammt von mucere, schimmelig sein; celtisch

mucr, feucht. — Auch die verwandten Genera werden berücksichtigt: Ascophora, Hydrophora, Rhizopus, Sporodinia, Phycomyces.

I. *Historisches.* Schon 1686 von Malpighi beschrieben und abgebildet; Micheli erkannte bereits die Columella (1729). Tode's Hydrophora füllt nach Z's. Auffassung gänzlich zu Mucor. Unter Ascophora verstand T. sehr verschiedene Dinge, u. a. Insectencior (gestielte, von Chrysopa). Wenn Z. S. 6 sagt, dafs Mucor *caninus* P. nur eine durch das Substrat bedingte Form des M. Mucedo L. sei, so mufs ich dem widersprechen; ich habe denselben auf Kartoffel, ausgekochtem Hunde- oder Menschenkoth u. s. w. unverändert durch einige Generationen fortgezüchtet. H. *) Hierauf folgt eine historische Entwickelung und Darlegung des Gattungsbegriffes nach Link, Ehrenberg, Fries u. s. w. in grofser Vollständigkeit. Die Hallier'schen Ansichten bez. Zugehörigkeit von Tilletia kann Verf. nicht theilen. Ebenso ist es ihm nicht einleuchtend, dafs sich dessen Micrococcus „der ihm als ein Gemisch von einem organischen Detritus und den nach ihrer Herkunft noch nicht genauer erforschten Bacterien etc. erscheint, zu Hefezellen und Sporoiden entwickeln könne, aus denen sich wieder höhere Pilzformen zu bilden ver-

---

*) Die Farbe der Peridie des Caninus ist stets gelbbraun oder lehmfarbig braun, niemals grau oder schwarz, der Wuchs niederer, 1—2 CM. hoch. Unter der Columella ist — wie bei Rhizopus nigricans — kein Septum, also anders als bei Mucor. Dagegen kommt öfters ein Septum etwas weiter abwärts im Fruchtstiele vor. Mucedo Fres. (S. m. Icon. anal. t. 20. fig. 26, c; und Bot. Ztg. 1868. S. 91) Sporen gelblich, statt dintefarbig, in der Form und Gröfse dagegen nicht verschieden von Mucedo. Im Uebrigen nicht verschieden : Sporangium zartstachelig; Stiele farblos bis hellbraun, Verzweigung racemös. Columella — wie bei Mucedo — den kleinen Sporangien fehlend. Mycol durch Jod direct weinroth; bildet Gonidien. Auch hier tritt gelegentlich Chaetocladium, Penicillium und Piptocephalis Freseniana auf. Radicellen und Stolonen fehlen.

möchten." Die ganze kritische Darstellung des ersten Abschnittes ist von bedeutendem Interesse, namentlich bez. der Synonyme; sie zeigt zugleich in prägnanter Weise die Speciespassion der Systematiker und die geringe Sicherheit der Fundamente, auf welcher dieselben ihre novae species aufzustellen pflegen.

II. *Morphologisches.* 1. Die *Sporen* und ihre Keimung. Bei Muc. stolonifer verläfst das Protoplasma mit dem Endospor das Epispor, schnellt es sogar oft mit einer gewissen Kraft weg. — 2. *Mycelium.* Die Zweigbildung erfolgt niemals in strenger Aufeinanderfolge, wenigstens an jüngeren Hyphen; an älteren konnte Z. keine Auszweigung mehr beobachten. Er hält die Vacuolen des Plasma für mitbedingend bei der Zweigbildung, indem diese die Strömungsrichtung des Protoplasma verändern können. Wurzelhaare treten, wie bei stolonifer, auch — schwächer — bei Mucedo und racemosus auf. Scheidewände erscheinen spät, bleiben oft ganz aus. Anastomosen sind nicht selten, mit Resorption der Trennungswand. Bei schlechter Ernährung entstehen Gonidien (Gemmen), interstitiell oder am Ende der Fäden; letztere sind mehr kugelig. In Ketten auftretend bilden diese eine Oidiumform. Sie keimen noch nach 10 Monaten, unter Zerreifsung der Aufsenhaut. Z. sah Gonidien bei Mucedo, stolon., racem. und M. Aspergillus. Untergetauchte Keimfäden bilden Kugelhefe und veranlassen weingeistige Gährung. Auch Mycelstücke bilden dieselbe ebenso, wie Sporen- und Gonidienkeime. Kugelhefe darzustellen gelang übrigens nur bei Mucedo und racemosus. — 3. Die *Fruchthyphen.* Nach der Anlage des Sporangiums strecken sich dieselben noch, selbst bis zum Fünfzehnfachen. Jetzt erst erfolgt auch Verzweigung, und zwar ohne alle Regel; so auch, durch Uebergänge mit Mucor verbunden, die Form „Ascophora elegans Cd." (Auch für stolonifer sei wirtelige Verzweigung angegeben.) Bei M. Aspergillus Z. (d. h. Sporodinia grandis Syzygites megalocarpus) ist die Verzweigung vielfach dichotom, die

Fruchtbildung erfolgt endlich fast gleichzeitig. Die Länge
der Fruchthyphen schwankt von wenigen Millimetern bis
zu 7 CM.; ja M. Phycomyces erreicht 10 CM. und mehr.
Stolonifer erreicht nur 1—3 MM. Auch die Gröfse der
Frucht schwankt bedeutend. Anfangs zeigt die Hyphe
mitunter Cellulosereaction ; ebenso verhält sich — stets —
das Mycelium. Endlich Verfärbung und Verdickung der
Fruchthyphe, letztere oft in Spiralstreifen, sogar mit Kreu-
zung der Linien. Später collabiren die Fruchthyphen in
Bandform. — 4. Bildung der *Sporenfrucht.* Die Columella
hat, wie bereits Ref. nachwies, unten eine Scheidewand
bei Mucedo, während dieselbe bei Stolonifer fehlt. Wenn
Verf. die Angabe des Ref. bezüglich exceptioneller Bildung
von Sporen in und unterhalb der Columella im Fruchtträger (Icon. an. fg. p. 82. fig. 86) für irrthümlich erklärt,
so mufs ich diefs entschieden zurückweisen. H. — Nachträgliche Umstülpung der Columella fand Z. in der Regel
bei Stolonifer, selten bei Mucedo und racemosus. Von
Umstülpung des Sporangiums selbst ist nicht die Rede.
[Also wie bei C o r d a und dem Ref.] Ueber Sporangiolen.
Bei Mucedo stehen sie wirtelig, gehen aber auch in die
Cyma über. Eiweifssubstrat begünstigt ihre Entstehung.
Asc. elegans Cd. und Fres. unterscheiden sich nur durch
den Grad der Verzweigung. Die Membran der Sporangiolen ist sehr resisteut, viel mehr, als die der Sporangien ;
doch zeigt letztere darin grofse — und zwar nicht specifische — Ungleichheiten. — 5. Bildung der *Zygosporen.*
Die Aufsaugungsweise der Trennungswand zweier copulir-
ter Fruchtkeulen konnte Z. nicht erkennen. Die Warzen
der Zygospore sind hohle Ausstülpungen der Membran ;
sie können auch — bei derselben Species — fast ganz
fehlen! Syzygites ampelinus und Mucor vitis Hildeb.
scheinen zu Mucedo zu gehören. Die Azygosporen hält
Z. für auseinander gerissen, wie diefs S c h a c h t direct
beobachtet haben will. Man kennt sie nur von M. Aspergillus. — 6. *Conidienformen.* Verf. hält [mit dem Ref. und

6 *

de By] das Penicillium glaucum auf Grund sorgfältiger Untersuchungen für nicht zugehörig. Z. sah Penicillium-fäden in das Innere des Lumens von Mucorfäden eindringen und ihre Pinsel aus diesen wieder hervorstrecken! (S. 34.) Dieß wäre wichtig als Beweis für den mehrfach angezweifelten ächten Parasitismus des P. Niedere Temperatur (10—12° C.) begünstigt das P. gegenüber der Entwickelung von Mucor. — Ganz Aehnliches gilt von den übrigen s. g. Conidienformen. Z's. Beobachtungen haben demselben niemals auch nur die geringste Veranlassung gegeben, an die Zusammengehörigkeit der betr. Formen mit besonderen Mucorarten zu denken; nur wenn sie auf demselben Mycelfaden ständen, sei der Beweis zu liefern, oder bei continuirlicher Beobachtung uuter dem Mikroskop, was bis jetzt noch trotz aller Bemühung aussteht. Dieß gilt u. a. von Chaetoclad. Jonesii. Mucor Mucedo mit Chaet. entwickelte auf Möhren durch 8 Generationen stets Chaet.; aber derselbe Mucedo aus einer anderen Quelle — von Hasenkoth, — gleichzeitig ausgesäet, brachte niemals Chaet. auf Möhren hervor. Ja einmal blieb eine Aussaat von ersterem Mucedo frei von Chaet., weil die Aussaat gemacht wurde, ehe Chaet. zur Ausbildung gekommen war.) — 7. *Generationswechsel.* Erinnert an die Aphiden; die Sporangien entsprechen den Ammen. Dem Verf. gelang es nicht, Mucor in Empusa und Achlya zu verwandeln. Den umgekehrten Weg hat er nicht versucht. Mucorsporen sind den Fliegen unschädlich; sie finden sich unverändert im Darm. Auch des Ref. Nachweis der Zugehörigkeit von Saprolegnia hält Z. nicht für genügend, hat aber — wie bisher alle Zweifler — den Versuch nicht gemacht. — Ueber *Culturen* unter Anwendung von des Ref. Dunstrohr für Reincultur, oder unter Glasglocken u. s. w.

III. *Physiologisches.* 1. *Keimungsbedingungen.* Unreife Sporen keimen kümmerlich; reife stets und sofort, nach jahrelanger Aufbewahrung bei Stolonifer; bei racemosus vielleicht weit kürzer. Kälte von — 12° C. ertrugen sie, aber nicht — 28° (im trockenen Zustande; im Wasser noch weniger.) Erwärmung auf 100° tödtete sie nach einiger Zeit. Am günstigsten für Keimung : 20—30°; 6° ist zu tief. Im gekeimten Zustande sind sie sehr frostempfindlich. Penicillium keimt schon bei wesentlich tieferen Temperaturen, und zwar gut genug. Die Sporen verlieren in manchen Fällen beim Keimen nicht ihr Plasma; also muſs hier der Keimschlauch sofort aus dem Substrate neues Plasma assimiliren. — 2. *Ernährung.* Darüber verspricht der Verf. für später anderweitig mehr. Sicher keine Stickstoffassimilation aus der Luft! (Versuch S. 42.) Jodin gibt den Ngehalt der Pilzmasse viel zu hoch an (4—6 pC. statt 1,23). Mineralsubstanzen nothwendig. — *Ausscheidungen.* Diese Pilze zersetzen enorme Massen der Nhaltigen Substanz des Substrates, z. B. des Brotes. Namentlich viel CO_2 wird producirt, unter energischer Sauerstoffaufnahme. Auch andere flüchtige Subatanzen (Aldehyde, Säuren etc.) werden producirt. Ausscheidung von sauer reagirenden Wassertröpfchen. Keine Nhaltige Ausscheidung! Licht nicht nothwendig. Mucedo und racem. wenden sich nach dem Lichte, stolon. scheint dem Verf. indifferent. [M. caninus biegt sich scharf gegen das Licht. H.]

IV. *Systematisches.* Die Species sind : 1. Mucor Mucedo L., wozu elegans und bifidus Fres. . . caninus, murinus; Ascophora elegans, fructicola und Todeana Cd.; Thamnid. el. Lk. — 2. racemosus Fres. Dahin sämmtliche Hydrophora olim. — 3. Phycomyces B. (Phyc. nit. Kz.). Columella birnförmig. Die gröſste Art. Vom Verf. in Leipzig beobachtet. — 4. macrocarpus Cd., wozu wohl rhombosporus E. — 5. fusiger Lk. — 6. stolonifer Ehrb. Hierher : Asc. mucedo Tode, glaucus Cd., M. ascophorus und clavatus Lk., amethysteus B., Rhizop. nigricans Ehrb. — 7. M. Aspergillus Scop. (Asp. maximus Lk., Sporodin. gr. Lk., Syzygit. meg. E.) — Die Tafel enthält : F. 1—11 M. Mucedo, meist Fragmente und analytische Specialitäten;

12—18 : racem.; 19—25 : stolon.; 26—29 Asperg.; 30—32
Phycom.; 33—35 : fusiger nach Tulasne; 36—39 : macrocarpus.

Eine nach Gehalt und Vortrag vortreffliche Abhand-
lung.

77) L. liber baro de Hohenbühel-Heufler.
Enumeratio cryptogamarum Italiae *venetae.* (Ex actorum
societatis zoologico-botanicae Tomo XXI.) Viennae 1871.
— Wenig bekannt sind die Pilze: Ultimum et vere miseran-
dum locum tenet specierum uberrima classis fungorum, a
quibus paucissimae solum species, pro parte eximiae, cura
Pollinii enotuerunt. Wer Kryptogamen sammeln will, soll
nach Krain reisen, in das Udiner Gebirg, noch ganz vir-
ginea terra, ebenso Belluno. — Pilze S. 63—76. Darunter
Sect. I. *Basidiomyceten* : Hymenomyceten : Agar. caesa-
reus (Volvar.) bombycinus, (Crepidot.) olearius, (Psall.) campestris, (Psath.) disseminatus; Coprin. comatus, Canthar.
cibarius, Panus stypticus, Schizophyll. comm., Bolet. para-
siticus, edulis; Polypor. lucidus. Ueber Pol. Pollinii (Bolet.
flavus Poll.). — P. offic. (Monte Baldo), fomentar., igniarius, versicolor, Daedal. quercina, Hexagonia mori (Verona),
Fistulina hepatica, Hydnum repandum, coralloides; Theleph.
coralloides Fr. — Phallus impud., can., Clathrus cancellatus (Verona, Vicenza, Udine). Scleroderma verrucosum,
Geaster hygrom., Tulasnodea fimbriata Fr. — Sect. II.
Hypodermei : Ustilaginei 5 Spec. Uredinei : darunter Puccinia graminis mit Aecid. Berberidis, straminis mit Aec.
asperifolii, coronata mit Aec. crassum; Uromyces Rumicum
mit Aecid. rubellum, tuberculatus Fuck. mit Aec. Euphorbiae Gmel. Gymnosporangium clavariaeforme DC. mit Podisoma Jun. communis; conicum (= Tremella juniperina
auf Jun. nana). — Sect. III. *Phycomycetes* : 2 Cystopus;
Mucor ramosus Bull. und Mucedo L., caninus. — Sect. IV.
Ascomycetes : Pyrenomycetes : Zasmidium cellare, Epichloë
typhina, Claviceps purp. (Sclerot.), Torrubia ophioglossoides, Hypoxylon concentricum, Rhizomorpha fragilis Rth.

— Tuberei : Tubor cibarium (welches?), rufum P. — Discomycetes : 2 Abrothallus, Leotia lubrica, Pez. (Aleuria)
aurantia, Otidea cochleata Fuck., Helvella crispa, Infula
S., Monachella Fr., Morchella hybrida P., esculenta P.,
elata Fr. — Fungi *plasmodiophori*: 6 Spec., darunter Didymium lobatum Ns. — *Appendix* : Sphaerolithus lacteus
und thermalis Ktz. Leptomitus Ceratophylli Ag. Stereo-
noma asperum Men. Hyphoderma effusum Fr. (Illosporium
roseum Fr.); — Tremella frondosa Fr., mesenterica R.,
Xylostroma Corium, Sclerotium quercinum P. (Dauermycelium von Sclerotinia candolleana Fuck.?) Anordnung
nach Fuck. Symb. Im Ganzen 245 Species.

Im Anhang I. : Chronologische Aufführung der Autoren von 1566 mit Angabe ihrer neuen Fünde. S. 142 :
Synoptisch-statistische Vergleichung mit Ober-Oesterreich.
Unter den Addenda et corrigenda : Sphaerotheca Castagnei Fuck. v. Vitis Fuck. (= Oidium Tuckeri B.). Peziza
humosa kann nicht Crouania (Fuck. 1869) heifsen, ist ein
Algenname (Agardh 1842). Am Schlusse ein Index gene-
rum alphabeticus.

78) C. Seehaus führt bez. der Beziehungen der *Insecten* zu den Pilzen mit *Generationswechsel* Folgendes an.
(Verhandl. botan. Ver. Brandenburg, 1870. XII. S. 107.)
Bei den Untersuchungen gewisser Blattpilzgruppen fand
es sich, dafs die Pilzräschen vielfach den Angriffen kleiner,
sich von Pilzsporen nährender Insectenlarven ausgesetzt
waren. Diese Verheerungen waren so bedeutend, dafs es
öfters Mühe machte, ausreichendes unversehrtes Material
für die Zwecke der Untersuchung aufzufinden. Namont-
lich fand sich eine gewisse Larve fressend auf Aecidium
Rhamni P. (sowohl Frangulae als catharticae), Evonymi W.,
Berberidis P. und Grossulariae DC. *Dieselbe* Larve lebte
auf Uredo miniata P. und Rosae P. Da mir daran lag,
diese Fresser in ihrer vollkommenen Gestalt kennen zu
lernen, so wurden sie der Züchtung unterworfen, und aus
allen ging dieselbe Pilzfliege Cecidomyia spec. hervor. Die

Natur regulirt also in diesen Regionen, indem sie einer-
seits die Vegetationsbedingungen einengt, andererseits die
in Massen gebildeten Sporen durch Insecten ebenso massenhaft wieder vertilgen läfst. Als interessante Thatsache
ergab sich hierbei ferner, dafs die Thiere in der Wahl
ihrer Nahrung die Verwandtschaft und Zusammengehörigkeit gewisser Aecidien- und Uredineenformen anzeigten
und so zur Bestätigung bekannter Gesetze über die Wan-
delformen der Pilze beitrugen. [Nähere Angaben darüber
fehlen.]

79) M. C. Cooke, a handbook of *british Fungi* ist
nun (1871) erschienen. With full descriptions of 368 Genera and 2809 Species, with 408 figures. Holzschnitte im
Text. 2 vols, 8⁰. 24 sh. Lond. Macmillan. Vgl. das Referat
in Journal of Botany, Oct. 1871. p. 312. — Ist das erste umfassende oder vollständige Repertorium der britischen Pilze
seit Berkeley's Arbeit im 5. Bande der English Flora 1836
und der Outlines of british Fungology 1860, wovon letzteres
nur von den gröfseren, ohne Mikroskop zu bestimmenden
Pilzen die Diagnosen liefert. — Das Cooke'sche Werk steht
auf der Höhe der heutigen Wissenschaft und berücksichtigt
einigermafsen auch die auf dem Continent erschienenen
Arbeiten. Als ein Fortschritt ist hervorzuheben, dafs die
Mafse der Sporen angegeben sind, in englischen Zollen
und in Millimetertheilen. Die Sphaeronemeen sind noch
vorläufig als autonom abgehandelt, da ihre Zugehörigkeit
noch vielfach Zweifeln unterliegt. Die Myxomyceten und
Saprolegnieen sind aufgenommen. Die secundären Fructi-
ficationen bei den Sphaeriaceen werden mit Stillschweigen
übergangen, was Vielen nicht Recht sein dürfte. — Der
Subscriptionspreis beträgt 10 sh. 6 d.

80) E. Fries, *Queletia*, novum Lycoperdaceorum genus. Accedit nova *Gyromitrae* species. (Oefversigt af K.
Vetensk. Akad. Förh. 1871. no. 2. Taf. 4. Stockh.) Keine
Familie umfafst so merkwürdige und anscheinend hetero-
gene Formen, als die Lycoperdaceen: Podaxon, Batarrea,

Husseia, Geaster, Sterrebeckia (Mycenastrum), Polysaccum
Cenococcum u. s. w. Die neue Pflanze, Q. mirabilis Fr.,
ist in Frankreich bei Herimoncourt (Doubs) von L. Q u e-
l e t gefunden worden, sie erinnert entfernt an Tulostoma
(abgesehen von der viel bedeutenderen Gröfse). Die Peridie hat unten einen Kragen, mittelst dessen sie das obere
Strunckende umfafst, und kann hier abgelöst werden.
Sporen gelb, kurz gestielt. Im Sommer auf Lohrinde. Ob
verwandt mit Lycoperd. herculeum Pak. aus der Kirgisen-
steppe.? — Gyromitra labyrinthica sin. ic. bei Upsala.
Könnte mit Morchella caroliniana Bosc. ein neues Genus :
Lacunaria bilden, wegen des vollen — aber zugleich lacu-
nösen — Kopfes.

81) E i d a m, E., der gegenwärtige Standpunkt der
Mykologie mit Rücksicht auf die Lehre von den *Infectionskrankheiten*. Auf Veranlassung des medicinisch-ätiologi-
schen Vereins zu Berlin für Aerzte und Studirende bear-
beitet. Berlin 1871. 8⁰. II. 92 S. — Bei dem dringenden
Verdachte, dafs gewisse Schizomyceten und Verwandte
eine bedeutende Rolle bei gewissen Krankheiten spielen,
sieht sich der Arzt auf eine höchst voluminöse, aber grofsentheils kritiklose Literatur angewiesen, welche sich auf
der Grenze zwischen Medicin und Botanik bewegt. Und
will er sich Raths erholen in den eigentlich mykologischen
Schriften, so ist die Gefahr der Verwirrung in diesen
schwer zugänglichen und weit zerstreuten Gebieten fast
ebenso grofs, wenn auch aus anderen Gründen. Diefs gab
Veranlassung zu vorliegender Schrift, welche ein Weg-
weiser für Aerzte sein soll. — Literatur. Einleitung. Von
der grofsen Bedeutung der Mykologie für die gesammte
Medicin. — Die Zelle. Schwärmer. Entstehung der Zellen. Ansichten von H. K a r s t e n. Seien nur mit der
gröfsten Vorsicht aufzunehmen. — Die Pilze. Geschlecht-
liche Fortpflanzung. Die Pycniden; selbige sind übrigens
nur bei Erysiphe ein parasitisches Product, nicht aber im
Allgemeinen, wie Verf. anzunehmen scheint. Generations-

wechsel. Polymorphie. Verf. hält es für festgestellt, dafs
die Flechten in der von Schwendener und Famint-
zin vertretenen Weise Pilze seien. System der Pilze.
Die Schizomyceten. Hefe und Gährung. „Sie war schon
längst ein Zankapfel der Gelehrten und ist diefs auch noch
bis heute geblieben." Keine generatio spontanea, wenigstens jetzt nicht. Ansichten über Gährung. In neuester
Zeit seien Versuche von Hoppe-Seyler zu Gunsten
der Liebig'schen Ansicht ausgefallen. Er fand, dafs
Gährungen (welche?) möglich sind ohne Organismen, blofs
durch ein chemisch wirkendes Ferment unter Vermittelung
von höherer Temperatur. — Morphologische Abstammung
der Hefe. Bail, Hallier, Bonorden, Hoffmann,
Karsten, de Bary, Rees. Objectives Referat, ohne
Entscheidung. Jedenfalls sci es auffallend, dafs aus Mucor, einem gewöhnlichen Schimmelpilz, sich ebenso wir-
kende Hefe wie diejenige des Sacch. cerevisiae entwickeln
kann; und diese Thatsache ist allgemein festgestellt. Es
lasse sich leicht denken, dafs noch andere Pilze geistige
Gährung zu erregen im Stande wären. Auch sind vom
Verf., wie von anderer Seite, Versuche gemacht worden,
nach der Methode von Rees Sporen aus dem Hefepilz
zu erziehen; aber mit negativem Erfolg. — Der alte Irrthum, dafs die Hefe Sauerstoff aus dem Zucker aufnehme,
wird hier wiederholt. — Pilzliche Insectenkrankheiten.
Vittadini und de Bary wiesen den Modus des Ein-
dringens nach. Empusa Muscae nach Brefeld. Da die
Keimschläuche (von hefeartiger Kürze) von Wasser zerstört werden, so wurde verdünnte Kochsalzlösung angewandt, um das Eindringen durch die Haut der Fliege
mikroskopisch nachzuweisen. Keimung der Empusasporen
mittelst Promycelium und Sporidien. Keine Dauersporen,
daher die Art der Ueberwinterung zweifelhaft. [Von Mucor und Saprolegnia wird nichts erwähnt.] Cohn's Tarichium. Hallier's Ansichten S. 41—52. „Noch läfst sich
bei den vielfachen, von fast allen Seiten dagegen erhobe-

nen Einwendungen nicht übersehen, welche von seinen
Resultaten sich doch als richtig erweisen werden; und wir
sind daher genöthigt, bei der Vorführung seiner Ansichten
mit aller Reserve vorzugehen, zumal es auch uns bei mehr-
jährigen, genau nach seiner Methode in unserem Laboratorium ausgeführten Arbeiten leider nicht gelungen ist, zu
einer sicheren Entscheidung zu gelangen." Verf. referirt
über die ganze Morphenansicht dieses Botanikers und
schliefst : „Diefs ist die Theorie H's., welche, wenn sie
richtig wäre, zeigen würde, dafs der Pleomorphismus der
Pilze ein fast unbegrenzter ist." Beschreibung eines Cul-
turapparates nach Hallier. [Leidet, wie alle, an dem
Fehler, dafs ein absolut reiner Import der Sporen etc.
nicht möglich ist. Alle nachträglichen Cautelen können
diesen Fehler nicht wieder gut machen.] Als Beispiel
einer solchen Cultur wird augeführt, dafs H. aus dem Blute
eines wüthenden Hundes Cladosporium u. a. Formen erzog, welche den Pilz Lyssophyton suspectum darstellen.
Ueber Tilletia scarlatinosa (Scharlachpilz), Mucor gonor-
rhoicus (Tripperpilz) etc. Ein anderer Apparat der Art
(aber ohne Lufterneuerung) ist die Hilgendorf'sche
Zelle. — S. 53 : Begründung der von de Bary und Anderen gegen Hallier vorgebrachten Einwendungen. „Von
mediciuischem Standpunkte aus ist seine Lehre vom Micrococcus meist mit Freuden acceptirt worden; anders von
Botanikern; auch gelang anderen Forschern der Funda-
mentalversuch niemals, aus den Sporen eines Pilzes Micr.
zu ziehen und denselben aus der Sporo ausschwärmen zu
sehen. Die meisten halten ihn für Detritus und einge-
wanderte Bacterien. Am allerwenigsten gelang es, solchen
vermeintlichen Micr. zur weiteren Entwickelung zu bringen." Damit müfste aber auch die ganze H'sche Ansicht
von der Zusammengehörigkeit der betr. Pilze fallen. Impf-
versuche mit Micr. könnten entscheiden. Allerdings. —
Untersuchungen von Karsten über Hefe uud Bacterien.
— Hoffmann über Bacterien. — Anschauungen von Bo-

n o r d e n, als Gegner der Polymorphie. „B. besitzt gewifs
ganz besonders umfassende mykologische Kenntnisse. Er,
sollte man denken, müfste am sichersten sein Urtheil in
dieser Sache abgeben können." — Schlufsbemerkungen.
„Man sieht, der Micrococcus hat fast Alles gegen sich." —
Erklärung der in der Mykologie gebräuchlichen Termini
technici. Reichhaltig und, soweit ich verglichen habe, cor-
rect. — Anhang. Beschreibung einiger der am meisten
verbreiteten Schimmelpilze : Aspergillus, Mucor spec.,
Oidium lactis, dessen Zugehörigkeit zu einer höheren Pilz-
form noch nicht nachgewiesen sein soll, was ein Irrthum
ist; Penicillium glaucum. — Register.

Das Buch ist entschieden mit Sachkenntnifs und voller
Objectivität geschrieben und gibt in der That, wie der
Titel verspricht, ein Bild vom dermaligen Standpunkte des
betreffenden Theils der Mykologie. Wird es etwas nützen?
Ich zweifele. Dem Sachkundigen ist es überflüssig; dem
Anfänger mufs es unverständlich sein, da es ganz ohne
Abbildungen oder Citate von solchen ist. Die Anfänger,
d. h. die zukünftigen jungen Aerzte, können — soviel ist
nun klar — nur durch eigene Beobachtung, eigenes Sehen
und Uebung in eigenen Versuchen dahin gebracht werden,
dafs sie sich — worauf jetzt alles ankommt — ein selbstständiges Urtheil bilden und des Positivismus — des Grund-
fehlers der Medicin — entschlagen. Diefs kann aber nicht
durch das Lesen eines Buches, sondern nur durch die per-
sönliche Unterweisung der Lehrer während der Studienzeit
geschehen. Für die bereits fertigen Aerzte weifs ich in
der That keine andere Hülfe, als entschiedene Partei-
nahme auf Treu und Glauben. „Fast in keiner anderen
Naturwissenschaft sind die Streitfragen zahlreicher als in
der Mykologie" — schliefst der Verf. Und in der That
möchten Uneingeweihte nur allzu leicht geneigt sein, diefs
Urtheil zu unterschreiben. Von verbesserten Instrumenten,
auf die der Verf. hofft, ist sicher nichts zu erwarten; wohl
aber von verbessertem Urtheil und Methode. Denn „mög-

licher Weise könnte die ganze Methode unserer heutigen Untersuchungsweise auf diesem schwierigen Gebiete eine unrichtige sein, und es wäre vielleicht ein anderer Weg dabei einzuschlagen." Diese desiderirte Methode ist aber ganz einfach dieselbe, wie in allen Fällen der Biologie : der Controlversuch, und der Gegenversuch, d. h. specieller : die Cultur auf identischem Substrate mit Einsaat, ohne alle Einsaat, oder mit beliebiger fremdartiger Einsaat, eventuell blofs Berührung mit der Nadelspitze; der Gegenversuch aber besteht in der Impfung auf den menschlichen Organismus.

82) F. v. Thümen, mykolog. Notizen von Griechenland. (Bot Ztg. 1871, S. 27.) Enth. das Verzeichnifs einer Anzahl blätterbewohnenden Pilze aus der Gegend von Athen, bestimmt von L. Fuckel. Darunter Puccinia graminis auf Hordeum murinum, Uredo Sorghi F. n. sp. mit Diagnose, Pileolaria Terebinthi, Stigmella Platani n. sp. Erysiphe launginosa n. sp., Oidium leucoconium auf Rosen, Apiosporium Lentisci n. sp.

83) Zu den am meisten nach *Norden* vorschreitenden Pilzen gehört nach Middendorf im nördl. Sibirien (Boganida) Daedalea boganidensis Borscow, Tremella intumescens, Thelephora isabellina; nach Wahlenberg in Lappland Polyporus fomentarius und igniarius auf Birken, Tremella juniperina auf Wachbolder, Peziza conglomerata auf Alnus incana. (Ib. S. 67.)

84) Von W. G. Schneider's schlesischem *Pilzherbar* ist die Fortsetzung erschienen : Nr. 101—200, Fasc. III. IV. Breslau 1870, 4°. — Enth. Synchytrien, Peronospora, Cystopus. (Ib. 95.)

85) Die vom verstorbenen Büchner veranstaltete Herausgabe von *Pilznachbildungen* aus Gyps hat solchen Beifall gefunden, dafs eine neue Ausgabe besorgt worden ist, und zwar in 2 Ausstattungsqualitäten : zu 16 Thlr. und 14 Thlr. einschliefslich Beschreibung, ohne Verpackung. Hildburghausen bei A. v. Lösecke, Apotheker und

F. A. Bösemann, Seminarlehrer. (Näheres in Bot. Ztg. 1871. S. 188 u. 1859 S. 288.) Nach den vom Ref. gesehenen Exemplaren sehr geeignet für Schulen zur Förderung der Kenntnifs efsbarer und giftiger Fleischpilze.

86) Lacroix, L., de la levure de bière et de la fermentation alcoolique. Paris. G. Ballière. 2 Fr.

87) E. v. Glinka Janczewski, morpholog. Unters. über *Ascobolus* furfuraceus. (Bot. Ztg. 1871. Nr. 17. Tab. IV.) Die histologische Darstellung der jungen und der reifen Fruchtschüsseln stimmt im Wesentlichen mit derjenigen des Referenten (Ic. anal. fung. p. 103. t. 24) überein, welche Verf. nicht berücksichtigt hat. Zur Untersuchung der Ascus- und Sporenbildung bediente er sich mit bestem Erfolge statt Wassers einer concentrirten Albuminlösung, worin sich diese zarten Gebilde längere Zeit unverändert erhalten. Zuerst tritt ein einzelner Zellkern im Ascus auf, welcher wieder verschwindet; darauf treten plötzlich die 8 Sporen auf einmal auf, wie l. c. bereits geschildert ist, so wie auch die Beschaffenheit des den Sporen einseitig anhängenden Plasmaballens. Bei Asc. immersus umgibt derselbe die ganze Spore. Einwirkung von Reagentien. Um die bis jetzt bei unserer Species unbekannte Keimung zu studiren, wurden die Sporen an Kaninchen verfüttert, in deren Koth sie alsdann in gekeimtem Zustande aufgefunden wurden. Dabei ist das violette Exosporium verschwunden; eine innere braune Schicht desselben bleibt aber übrig. In diesem Zustande sind nun die Sporen fähig, auch in Wasser zu keimen, was sie sonst nicht thun, und zwar an einer oder mehreren Stellen mit Mycelfäden, deren Membran direct in das Endosporium fortsetzt. Conidienbildung hat Verf. an diesen nicht beobachtet. — Ueber den Scolecit. Zu Beobachtungen der Copulationsphänomene sei Asc. f. ganz ungeeignet; ob sie wirklich stattfindet, konnte nicht ermittelt werden (S. 273), wohl aber die Umklammerung des Scoleciten oder wurmförmigen Körpers durch eine verzweigte Hyphe, des Pollinodium. Wäh-

rend sich weiterhin durch Umspinnung von Fäden ein
Filzknäuel bildet, der nach aufsen die Rinde, nach innen
das Paraphysengewebe anlegt, wird der Scolecit stationär,
mit Ausnahme seiner dritten oder vierten Zelle von oben,
welche anschwillt und einen Schopf kurzer Haare nach
oben treibt, die sich weiterhin septiren, verzweigen und
das Subhymenialgewebe bilden, welches von den Paraphysen durchdrungen wird. Aus den Hyphen dieses Ge-
webes entspringen die Schläuche; daher sind diese Gebilde
als ascogene Zelle und ascogene Hyphon zu bezeichnen.
Einmal fand Verf. 2 Scolecite in einer Cupula; auch in
der fertigen Cupula ist der Scolecit noch vorhanden. Er
ist bis jetzt nachgewiesen bei Asc. pulcherrimus, furfuraceus, carneus, saccharinus und pilosus. Unsicherheit der
Abgrenzung von Ascobolus gegen Peziza. Doch ist hervorzuheben, dafs bei Asc. das Hymenium im Innern ange-
legt wird, bei Peziza dagegen an der Oberfläche, also
gymnocarp. [Asc. bildet in dieser Beziehung eine Mittel-
stufe zwischen Anixia — s. m. Ic. an. fg. t. 17 — und
Peziza. H.)

88) P. Magnus, über die Spermatien von *Triphragmium* Ulmariae. (Bot. Ztg. 1871. S. 411.) Gelegentlich
einer eingehenden kritischen Besprechung von Schröter's
Ustilagineen und Uredineen bemerkt M. hierüber folgendes. Der Spermatien abschnürende Apparat ist sehr eigenthümlich und einfach gebaut. Auf relativ ziemlich grofsen
Flecken erheben sich nämlich die Sterigmen dicht gedrängt
zwischen den Epidermiszellen und schnüren an ihrer *freien*
Oberfläche die Spermatien ab, nur bedeckt von der hin
und wieder gesprengten und abgehobenen Cuticula. Da,
wo die Cuticula noch fest anliegt, werden von den senkrecht gegen die Cuticula gerichteten, dicht gedrängten
Hyphen, welche den fertilen Sterigmen ganz ähnlich ausgebildet sind, wenigstens zur betreffenden Zeit keine Spermatien abgeschnürt. Es fehle diesen Apparaten oder Frucht-
trägern daher eine eigene obere Wandung, und können

sie defshalb nicht als Spermogonien im engeren Sinne bezeichnet werden, wie sie die meisten Autoren — z. B.
Tulasne und Schröter — kurzweg nennen. Insofern
die Sterigmen nur vom Boden entspringen, schliefsen sich
dieser Bildung am nächsten an die Spermogonien von
Aecidium elatinum und Puccinia Anemones. — Ein weiterer Beitrag über dieses Thema von M. findet sich in Bot.
Ztg. 1871. 744. Die Spermogonien entstehen meistens
unter der Epidermis und sind eine durch das Ostiolum ge-
öffnete kugelrunde Höhlung, von deren innerer Fläche die
Sterigmen und weiter oben die Paraphysen entspringen;
doch lehrte schon de Bary 1869 von Aecidium elatinum
und leucospermum einen anderen Bau kennen. Hier lagen
die Spermogonien zwischen der emporgehobenen Cuticula
und der Epidermis, und entspringen die Sterigmen und
Paraphysen nur vom Boden, und biegen sich die an der
äufseren Peripherie stehenden Paraphysen unter fast rech-
tem Winkel, um in der Mitte das Ostiolum zu bilden.
Bei Triphragmium Ulmariae und bei Phragmidium sind
die die Spermatien abschnürenden Sterigmen gar nicht
mehr in ein Gehäuse eingeschlossen. Die senkrecht gegen
die Oberfläche gerichteten Sterigmen schnüren unter der
emporgehobenen Cuticula die Spermatien ab. Dieser Charakter dürfte eine natürliche Abtheilung der Uredineen
begründen, besser begrenzt als bei Schröter's Aufzählung der schlesischen Uredineen. — Sodann wird die Entwickelung der *Puccinia Chondrillae* auseinandergesetzt. Ihr
Aecidium ist namentlich durch den Mangel der Peridie
ausgezeichnet, so dafs es dem Formgenus Caeoma gleicht
und es wahrscheinlich macht, dafs manche der isolirten
Caeomen als Aecidiumfrucht zu heteröcischen Puccinien
gehören. Fuckel zog zu Puccinia Chondrillae das Aecidium auf Taraxacum, das aber den gewöhnlichen Bau zeigt.
Die Uredosporen von Puccinia Chondrillae sind dadurch
ausgezeichnet, dafs ihr Exosporium sich nach mehreren

unregelmäſsig über die Spore verlaufenden Furchen ver-
flacht.

89) M. Reefs, über die Alkoholgährungspilze der
Weinhefe. (Annalen der Oenologie. II. H. 2. 1871.)

90) Zöller, über Ernährung und Stoffbildung der
Pilze. (Sitzb. phys. medic. Societ. zu Erlangen. Juli
1871.)

91) Kummer, P., der Führer in die Pilzkunde.
Zerbst, Luppe. 1871. (1 Thlr.)

92) V. Griefsmayer übersetzte L. Pasteur's Arbeit über die Alkoholgährung; Augsburg 1871. 100 S.
(Nach Annales de Chimie et de Physique. LVIII. p.
323—426. 1860.)

93) Schröter beschreibt eine neue *Puccinia* : caulin-
cola, auf Thymus Serpyllum, bei Sibyllenort in Schlesien
von Gebhardt gefunden. (Sitzungsbericht der schlesischen Gesellsch. f. vaterländ. Cultur vom 24. November
1870.)

94) W. G. Schneider beschreibt (ebenda) 2 neue
in Schlesien gefundene Arten aus der Familie der Uredineen (Rostpilze), und zwar : 1. *Uromyces* Prunellae n. sp.
auf Prunella vulgaris mit seinen 3 Generationsformen :
Uromyces, vom Vortragenden im September 1869 auf einem
Exemplare von Skarsine; Accidium von Gebhardt 1870
bei Liegnitz; Uredo vor 6 Jahren vom Vortragenden im
Grunewaldthale bei Reinerz gefunden. (Bot. Ztg. 1871. 707.)

95) Waldeyer, über *Bacterien*. (Sitz. der medicin.
Section der schles. Ges. f. vaterländ. Cultur vom 4. Aug.
1871.) Nach einer kurzen Darstellung des Baues jener
niedersten organischen Lebensformen, besprach W. die
pathologische Bedeutung dieser Gebilde, welche nach den
bis jetzt bekannt gewordenen Thatsachen eine äuſserst
mannigfaltige zu sein scheint. Wenn es richtig ist, was
jüngst F. Cohn auf der Jahresversammlung der schlesischen Botaniker nach Wiederholung der von Th. Swann
zuerst angestellten sogenannten Pasteur'schen Versuche

ausgesprochen hat, daß die Bacterien geradezu die Ursache
jedes Fäulnißprocesses seien, so resultirt schon daraus die
ungemeine Wichtigkeit dieser räthselhaften Wesen auch
für das Gebiet der Pathologie. Der Vortragende berührt
kurz die bisher über diesen Gegenstand bekannt gewordenen Thatsachen und verweilt besonders bei den unlängst
durch v. Recklinghausen (Verhandl. d. Würzburger
physicalisch-medicin. Gesellschaft, Sitzung vom 10. Juni
1871) gegebenen Mittheilungen, welche unsere Aufmerksamkeit in hohem Grade beanspruchen. Hiernach sind die
in vielen Fällen von Typhus, Pyämie und anderen Krank-
heitsprocessen vorkommenden miliaren Eiterheerde, die
man bisher nach Virchow's Vorgange als capillare Em-
bolien aufgefaßt hat, durch Bacterien bedingt, welche sich
in Blutgefäßen, Harncanälchen, Lungenalveolen etc. an-
siedeln.

Der Vortragende hat seit seinen ersten Mittheilungen
über das Vorkommen von Bacteriencolonieen in der Leber,
dem Magen, dem Pankreas und in den Nebennieren, wo
sie sich als sandkorngroße schwarze Flecke manifestirten,
bei einem Falle von acuter diffuser Hepatitis in letzter Zeit
wiederholt Beobachtungen gemacht, welche mit den v.
Recklinghausen'schen Erfahrungen übereinstimmen.
So beobachtete er miliare Bacterienheerde zu vielen Hun-
derten im Herzfleische bei Pyämie, wo sie ebenfalls unter
der Form kleinster Capillarembolien auftraten. (Rind-
fleisch, Lehrbuch der patholog. Histologie 1. Aufl. S.
183, scheint zuerst diese kleinen myokardischen und suben-
docardialen Heerde richtig gedeutet zu haben.) Ferner
kamen ihm in 4 Fällen von miliaren abscefsähnlichen Heer-
den in den Nieren die Bacterien als einzige Ursache derselben vor. Bei einem dieser Fälle, der bereits in Virchow's Archiv publicirt worden ist, war das Nierenparen-
chym neben den Bacterienheerden unverändert; in den
letzten beiden Fällen, von denen der eine im Laufe des
letzten Winters 'zur Beobachtung kam, hatte sich bereits

um die Bacterien führenden Harncanälchen herum eine interstitielle Eiterung gebildet, wie in den von v. Recklinghausen beschriebenen Fällen. Alle nicht von Bacterien eingenommenen Theile dieser Nieren waren frei. Die Zahl der kleinen bacteridischen Abscesse mochte sich auf einige Tausende belaufen. Weiterhin beobachtete der Vortragende mehrere Fälle von hämorrhagischer Nephropyelitis bei verschiedenen acuten Infectionskrankheiten, in denen in der Schleimhaut des Nierenbeckens, und zwar sowohl in den Blutgefäfsen als auch interstitiell, Bacteriencolonien gefunden wurden.

Ferner gehören die von Buhl und dem Vortragenden beobachteten Fälle von *Mykosis intestinalis* (Buhl) hierher, bei denen der rasch unter choleraähnlichen Symptomen erfolgende Tod einzig und allein auf die Anwesenheit zahlreicher Bacterien in fast allen Blut- und Lymphbahnen des Körpers, namentlich in den zum Pfortadersystem gehörenden Venen, zurückzuführen war. Es finden sich dabei auf der Magen- und Darmschleimhaut zahlreiche grofse furunculöse Heerde, wodurch dieser Procefs ohne weiteres charakterisirt wird; denn etwas Aehnliches läfst sich bei keiner anderen Affection des Digestionstractes beobachten.

Endlich erinnert der Vortragende noch an eine mehr harmlose Rolle der Bacterien, in so fern sie mitunter die einzige organische Grundlage von *Concrementen* zu bilden scheinen. So ist es seit langem bekannt, dafs im Weinstein der Zähne Vibrionen und Bacterien vorkommen. Nach den hier gewonnenen Erfahrungen gibt es aber Zahnweinstein, dessen organisches Substrat, welches nach Behandlung mit Salzsäure in fast gleichem Volumen zurückbleibt, ausschliefslich aus Bacterien besteht. Dasselbe war bei einem haselnufsgrofsen Rhinolithen der Fall, den Voltolini zur Untersuchung eingeliefert hatte. Aehnliches findet sich auch in manchen Lungensteinen.

Im Anschlusse an die vorstehenden Mittheilungen demonstrirte F. Cohn eine Anzahl Glaskölbchen, in denen

7*

gekochte Erbsen, gekochtes Hühnereiweiſs etc. mit gekoch-
tem destillirtem Wasser übergossen und längere Zeit
(einige seit Anfang Januars) sich selbst überlassen waren.

1. Durch das Kochen werden zwar die im Wasser
etwa vorhandenen oder den hineingebrachten Stoffen zufällig (durch den Staub) adhärirenden Bacterienkeime getödtet; das Faulen der Erbsen, des Eiweiſses etc. aber
wird zwar verlangsamt, jedoch durchaus nicht verhindert.
Denn in den *offen* gebliebenen Kölbchen beginnt sich das
Wasser früher oder später (je nach der Lufttemperatur)
zu trüben, was von der Entwickelung und Vermehrung der
Bacterien herrührt, da diese, auch wenn farblos, ein ande-
res Lichtbrechungsvermögen besitzen, als das Wasser.
Schlieſslich zerflieſst die organische Substanz in eine fau-
lige, schleimige Masse. Alle diese Vorgänge treten ebenso
in ungekochten, als in gekochten Kölbchen ein, meist schon
nach wenig Tagen.

2. Wird ein Kölbchen während des Kochens *zugeschmolzen*, so bleibt das Wasser durch unbegrenzte Zeit farblos
und klar, also auch frei von Bacterien; ebenso bleiben
auch die organischen Substanzen völlig unverändert.

3. Ebenso bleibt Wasser klar, also bacterienfrei, und
die Fäulniſs unterbleibt gänzlich, wenn *Kohlensäure* in das
Kölbchen vor dem Zuschmelzen eingeführt wird.

4. Wasser bleibt völlig klar und bacterienfrei, und
keine Fäulniſs tritt ein, wenn der Hals des Kölbchens nach
etwa $^3/_4$ stündigem Kochen mit gewöhnlicher *Baumwolle*
lose verstopft wird. Seine Versuche haben diese zuerst
von Schröder und Dusch entdeckte Thatsache vollkommen bestätigt.

5. Aus Versuch 2 und 3 folgt, daſs gekochtes Eiweiſs
etc. nicht fault, wenn der Zutritt von atmosphärischer *Luft*
ausgeschlossen ist; aus Versuch 4, daſs sich weder Bacterien noch Fäulniſs einstellen, wenn die Luft zutritt, aber
die in ihr enthaltenen Bacterienkeime durch den Baumwollpfropf abfiltrirt worden sind.

6. Daſs bei Versuch 4 die durch den Baumwollpfropf in das Kölbchen eingedrungene Luft an und für sich die Fäulniſs nicht unmöglich macht, ergiebt sich aus Versuchen, bei welchen das Wasser durch Schütteln nachträglich mit dem Baumwollpfropf in Berührung gebracht wurde. Hierbei nimmt das Wasser Bacterienkeime auf, welche in der Baumwolle suspendirt waren. Die Folge ist, daſs während bis dahin das Wasser klar und die organische Substanz unverändert blieb, alsbald sich das Wasser durch Vermehrung der Bacterien trübt und die Fäulniſs beginnt und rasch fortschreitet.

7. Aus allen diesen Versuchen ergiebt sich, daſs ohne Bacterien keine Fäulniſs eintritt, daſs durch Ausschluſs der Bacterien die Fäulniſs verhindert, durch Zutritt derselben die Fäulniſs eingeleitet wird, daſs sie in demselben Maſse fortschreitet, als sich die Bacterien auf Kosten der faulenden Substanz vermehren.

Es ist demnach Fäulniſs in gleicher Weise ein von Bacterien eingeleiteter Proceſs, wie Alkoholgährung von Hefepilzen ausschlieſslich hervorgerufen wird; das Zerfallen stickstoffhaltiger organischer Verbindungen in Fäulniſs-producte ist in ähnlicher Weise eine Folge der Thätigkeit der Bacterien, als das Zerfallen des Zuckers in Kohlensäure und Alkohol ein Product der Thätigkeit der Hefepilze ist. [Bis dahin übereinstimmend mit den bereits publicirten Beobachtungen des Ref., während das Folgende mit denselben in Widerspruch steht.]

8. Weitere Versuche haben ergeben, daſs zum Tödten der im Wasser vorhandenen Bacterienkeime Kochen nicht erforderlich ist; sodann, daſs schon ein Erwärmen auf 80° C. (unter Umständen selbst auf 75°) genügt, um die Entwickelung der Bacterien und die Fäulniſs unter Baumwollenverschluſs zu verhindern.

9. Bei einem dieser Versuche, wo Erbsen auf 80° eine Viertelstunde lang erwärmt waren, entwickelte sich an der Oberfläche des Wassers im Kölbchen *Penicillium*-Mycel,

welches sich reichlich vermehrte, und auch in der Luft fructificirte; das Wasser aber trübte sich nicht, und auch die Fäulnifs unterblieb gänzlich. Hieraus ergiebt sich a) dafs eine Erwärmung auf 80° hinreicht, um Bacterienkeime, nicht aber um Schimmelsporen zu tödten; b) dafs Bacterien keineswegs, wie H all ier behauptet, eine besondere Fortpflanzungsform (Micrococcus-Schwärmer) von Penicillium sind, überhaupt nicht aus Penicillium hervorgehen, sondern höchst wahrscheinlich selbstständige Organismen darstellen. (Bot. Zeitg. 1871. S. 738 und 861). An letzterer Stelle wird noch erwähnt, dafs die Bacterien durch Theilung sich vermehren, dafs sie bei dem Verdunsten des Wassers mit in die Luft gerissen werden, dafs sie unter Wasser auch festes geronnenes Eiweifs verflüssigen und faulen machen, dafs sie einen Ruhezustand haben mit Gallertausscheidung. Bezüglich ihrer Unterscheidung adoptirt C. vorläufig die Eintheilung des Ref. in Mikro-, Meso- und Makrobacterien, bemerkt aber, dafs es vielleicht besser sei, sie einzutheilen in Kugel- oder Punktbacterien (Termo, Monas prodigiosa), Cylinderbacterien (Bacterium s. str.), Schraubenbacterien (Vibrio, Spirillum). Von H all ier's Arbeiten sei abzusehen, da sie nicht nach wissenschaftlicher Methode angestellt seien. Auch der Versuch P as te ur's, welcher vor 10 Jahren so viel Interesse erregte, — Schiefsbaumwolle nach der Luftaspiration in Aether aufzulösen, — sei werthlos für die Bacterienfrage.

96) Roussel, Enumération des champignons récoltés par T. Husnot aux *Antilles* francaises, en 1868. 11. p. 8. Caen 1871.

97) Wjatscheslaw Manassein, über die Beziehungen der *Bacterien* zum *Penicillium* glaucum Lk. und über den Einflufs einiger Stoffe auf die Entwickelung dieses letzteren. (Aus : mikroscopische Untersuchungen, ausgeführt im Laboratorium des Prof. Wiesner am polytech. Instit. in Wien. Stuttgart 1871. In der russischen Ausgabe dieser Arbeit : im militärärztlichen Journal 1871, sind

auch Abbildungen beigegeben.) In der Hauptsache gegen
die unter W i e s n e r's Leitung von P o l o t e b n o w ausgeführten Untersuchungen gerichtet, der zuletzt (in der russischen Ausgabe seiner Arbeit) so weit ging die Bacterien
nicht für lebende Organismen zu halten, da man bei ihnen
nicht die geringste Spur von activen Bewegungen, von Ernährung, von Wachsthum und Vermehrung bemerken soll.
Eine Angabe, welche indefs von W i e s n e r selbst bezweifelt wird. — Verf. hat im Ganzen über 260 Culturen ausgeführt, das Verfahren ist aber wegen Mangels einer Abbildung nicht ganz deutlich zu verstehen. Als Substrat
dienten Kartoffelstückchen u. s. w., und, wo Flüssigkeit
angewandt wurde, die P a s t e u r'sche Composition aus
Zucker, weinsaurem Ammoniak und Hefeasche. Besondere
Aufmerksamkeit wurde auf das verwendete Wasser bei der
mikroskopischen Untersuchung gerichtet; denn es fand sich,
dafs in destillirtem Wasser, welches höchstens 24 Stunden
im Laboratorium gestanden hatte, bereits ziemlich viele
Bacterien nachgewiesen werden konnten; und es unterliegt
keinem Zweifel, dafs so ein Wasser schon oft zur Quelle
von Irrthümern geworden ist. H u x l e y geht sogar so
weit, dafs er defshalb die Möglichkeit irgend wolcher Reincultur bezüglich Bacterien ganz und gar in Abrede stellt
(On the relations of Penicillium, Torula and Bacterium;
Quarterly Journal of microscopical science X. 361). Durch
solche Aufmerksamkeit und Umsicht gelang es nun dem
Verf. vielfach, gänzlich bacterienfreie Präparate zu erhalten.
Wo es sich darum handelte, bei höherer als der gewöhnlichen Temperatur zu sieden, wurde statt reinen Wassers
Kalkwasser angewendet, in welches die Versuchsgefäſse
eingesenkt wurden. Für die mikroskopische Untersuchung
wurde 650 bis 1000 fache Vergröſserung angewendet. —
Erwärmung der Sporen von Penic. in *Wasser*. Gegenüber
den vielfach abweichenden Angaben von P o l o t e b n o w
bestätigt Verf. die des R e f., bezüglich der Temperatur,
bei welcher diese Sporen getödtet werden. Sie starben

zwischen 70 bis etwas über 90° C., die von Mucor stolonifer zwischen 80 und 90; und Bacterien entwickelten sich,
da mit geprüftem und rein befundenem Material gearbeitet
wurde, selbst binnen 4 Monaten weder hier jemals
noch auch bei weit weniger stark erwärmten Proben; was
auch W i e s n e r bestätigt. · Soweit die genannten Pilze
überhaupt die Erwärmung noch ertragen, wird auch der
Typus ihrer weiteren Entwickelung in keiner Weise alterirt.
Auch Aspergillus macrosporus ergab ganz ähnliche Resultate. Wird endlich zum Kochen erhitzt, so sind schon
5 Minuten genügend zur Tödtung jener Sporen. Zusatz
von Ammoniak zu der Flüssigkeit änderte in den Resultaten nichts. (Auch hier ist Vorsicht nöthig, da in alten
und verdünnten Ammoniaklösungen oft ziemlich zahlreich
Bacterien gefunden werden.) — Erwärmung *trockener*
Sporen. Im Gegensatze zu den Beobachtungen von P a -
s t e u r und dem R e f. fand Verf., dafs Penicillium-Sporen
eine Temperatur von 180° C. nicht überleben, während dieselben (wie auch Mucor st. und Asperg.) 140° ohne Beein-
trächtigung der Keimfähigkeit ertrugen; selbst 170° reicht
mitunter nicht aus zur Tödtung. Doch sind die Resultate
im Einzelnen nichts weniger als genau übereinstimmend.
Auch hier ist die Keimung ganz normal, wenn sie überhaupt eintritt; es zeigt sich kein Bacterium. Danach wird
jeder genetische Zusammenhang dieser Organismen in Abrede gestellt.

Einflufs *pharmaceutischer Stoffe* auf Entwickelung des
Penic. A. *Chlorsaures Kali* bewirkt Verlangsamung derselben; indefs bildeten sich doch keimfähige Sporen. Auch
sonst ganz morphologisch - normale Entwickelung. —
B. *Schwefelsaures Kupferoxyd.* Literatur. Erwähnt sei
hier die Beobachtung von R o b e r t, wonach Marmorsta-
tuen, welche irgend welche Verzierungen von Bronce haben,
von Kryptogamen nicht angefressen werden, weil das
Kupfer der Bronce sich oxydirt und mit Regenwasser
herunterfliefsend die Entwickelung derselben hemmt.

(Compt. rend. 1869. Bd. 69, 493.) Verf. fand 1 pC. genügend zur Hemmung jeder Entwickelung; die Sporen,
welche sonst lange auf der Oberfläche zu schwimmen pflo-
gen, sinken nach wenigen Tagen unter. Niedere Concen-
trationen wirken nur verzögernd, wobei zuerst die Fähigkeit zum Fructificiren eingebüfst wird, zuletzt die zum Keimen. Nie aber erscheinen fremdartige Formen, Bacterien
u. s. w. — C. *Alaun* wurde bis zu 3 pC. ertragen. D. *Sub-
limat.* Historisches. „Was die Versuche von Klotzsch
anbetrifft (Zeitschr. f. Paras.-Kunde I), so sind dieselben
so undeutlich beschrieben und nachlässig durchgeführt, dafs
man auf Grund derselben keinen Schlufs ziehen kann."
Schaer in den Beiträgen zur Chemie des Blutes
und der Fermente (Zeitschr. f. Biologie 1870. VI. 509)
fand in der Regel schon ¹/₁₀ pC. schimmelwidrig. Zu ähnlichen Resultaten kam M. — E. *Alkohol.* Nach Lösch
(Centralblatt für medicin. Wissenschaft. 1869. S. 231) ist
25 procentischer nicht ausreichend, binnen 24 Stunden den
Schimmel zu tödten, während bei 40 pC. schon eine Minute
der Berührung ausreicht. Verf. fand bei 4 pC. schon
Verzögerung in der Entwickelung, bei 8 pC. nur noch
ausnahmsweise und kümmerliche Vegetation, bei 16 pC.
noch keimende Sporen, dieselben zeigten sich durch eine
gallertige Masse verbunden; bei 37 pC. fand keine Keimung mehr statt. Bacterien fehlten gänzlich. — F. *Phenylsäure.* Historisches. Bei ¹/₂₀ bis 1 pC. Zusatz sah Verf.
keine Entwickelung der Sporen! Dieselben sind getödtet.
Schwächerer Zusatz wirkt nur verzögernd. — G. *Salzsaures Morphin.* Bis zu 2 pC. fast ganz wirkungslos. Ja es
scheint sogar das Morphin eine Stickstoffquelle für Penicillium zu bilden. (Dabei ist beachtenswerth, dafs trotzdem
dieser Körper stärker antiseptisch gegen Septicämie wirkt,
als Chinin, dessen Wirkung M. als gering darstellt. Eine
Jauche, welche vor der Injection in Kaninchen mit Chinin
vermischt wurde und folglich (!) von allen lebenden Organismen befreit war, veranlafste ein eben solches und zu-

weilen sogar ein stärkeres „Septicalmischfieber", als die ungemischte, von Bacterien und Vibrionen wimmelnde Jauche.— H. *Salzsaures Chinin*. Historisches seit Pringle's Entdeckung der fäulnifswidrigen Eigenschaften der Chinarinde. In neuerer Zeit war namentlich Binz thätig, der auch die Versuche von Buchheim, Giesecker, Paresi, Polli, Du Plessy wieder in Erinnerung brachte. Martin, Kraewitsch und G. Kerner haben dieselben neuerdings bestätigt. (Kraewitsch fand, dafs Chinin die alkoholischen und milchsauren Gährungen hemmt, doch letztere schwächer. Ueber die Wirkung des Chinins auf die Gährung. Petersburg 1869.) Nachweis, warum Polotebnow zu anderen Resultaten kam, als M. M. erhielt noch bei $^1/_4$ pC. Zusatz vollkommenes Penicillium. Bei $^3/_4$ pC. war die Verzögerung in der Entwickelung schon erkennbar.

In denselben mikrosk. Unters. ed. Wiesner 1872, S. 129 findet sich ein ausführlicher Abdruck der Unterschungen von Polotebnow über den Ursprung der Bacterien (vgl. myk. Ber. ed. 1871. S. 18.)

98) M. J. Berkeley and C. E. Broome, Notices of *British Fungi* (Ann. Mag. nat. Hist. 1870. VI. p. 461—469 Forts.). Darunter Agar. (Lepiota) metulaespora, bisher nur aus Ceylon bekannt. — Ag. Terreii n. sp. mit Diagnose. — Ag. cepaestipes im Warmhause. — Ag. (Trichol.) tigrinus Schaeff. — Bezüglich Ag. tuberosus Bull. wird bemerkt, dafs die Sommerform keinen Tuber hat; erst später im Jahr wird dieser ausgebildet und fructificirt erst im folgenden Jahre. — A. (Mycena) sacchariferus n. sp. (m. Diagn.) — Von Ag. (Inocybe) geophyllus wird eine ziegelrothe Form beschrieben. — Ag. (Naucoria) semiflexus n. sp. — Von Ag. (Hyphol.) lacrymabundus Fr. eine Form mit bleibend weifsen Lamellen. — A. (Hyphol.) leucotephrus n. sp. — A. (Psilocybe) agnarius Fr. Mss, n. sp. — A. (Psathyrella) empyreumaticus n. sp. — Abbild. sollen später folgen.

99) **Haberlandt**, F. und E. **Verson**, Studien über die Körperchen des Cornalia [in kranken *Seidenraupen*] an der Seidenbauversuchsstation im Jahre 1869. Wien 1870. Gerold. 8. (S. myk. Ber. ed. 1871. S. 109.)

100) B. **Wartmann** und B. **Schenk**, *Schweizerische* Kryptogamen. St. Gallen 1869. No. 601—700. Enthält u. a. 34 getrocknete Pilze; darunter Aecidium Actaeae Otth.

101) A. **Chauveau** hat bereits früher nachzuweisen versucht, daſs das ansteckende Princip bei *Kuhpocken* nicht in der Flüssigkeit der Lymphe liege, sondern in den darin suspendirten Granulationen (s. Bot. Ztg. 1869. S. 395). Neuerdings fand derselbe (bei Blattern und Schafpocken), daſs auch für die Ansteckung durch die Luft dasselbe gültig ist. Wenn man die Ausdünstung solcher Ansteckungsstoffe unter Verhältnissen auffängt, wo eine Verbreitung der in ihnen enthaltenen *festen* Theile ausgeschlossen ist, so findet eine Ansteckung mittelst derselben nicht statt. Demnach sind die Ansteckungsstoffe nicht eigentlich als flüchtige oder gasförmige zu betrachten. (Compt. rend. Juli 1871. S. 116.)

102) **Dubrunfaut** (ib. 266) fand, daſs der Werth gewisser anorganischer Salze für die alkoholische *Gährung* in folgender Reihe abnahm : Salpetersaures Kali, schwefelsaures Ammoniak, schwefelsaures Kali, phosphorsaurer Kalk, schwefelsaure Magnesia, schwefelsaurer Kalk, schwefelsaures Natron, Fehlen alles salinischen Zusatzes, zuletzt Kalialaun; der letztere ganz unwirksam. Die Salpetersäure verschwand bei obigem Versuche gänzlich, die Schwefelsäure dagegen bleibt unverändert.

103) E. **Decaisne** (ib. 507) erwähnt einen Fall, wo durch den Genuſs von Brot, das mit *Oidium aurantiacum* besetzt war, Erkrankung erfolgte. Doch ist diefs nicht immer der Fall.

104) M. **Manassein**, Beiträge zur Kenntnifs der Hefe und zur Lehre von der alkoholischen *Gährung*.

(Mikroscop. Unters. ed. Wiesner 1871. S. 116—128.) Die
vitalistische Ansicht, welcher jetzt die Mehrzahl der Forscher huldigt, erfordere eine nähere Erklärung, denn eine
solche sei noch nicht gegeben, um so mehr, als allem An-
scheine nach noch andere Methoden der Alkoholdarstellung
möglich sind; sie sei überhaupt noch nicht definitiv bewiesen. Zunächst werden die Angaben des Ref., Melsens'
und Wiesner's besprochen, welche die ausserordentliche
Widerstandsfähigkeit der Hefe gegen hohe Wärmegrade
oder gesteigerten Druck nachwiesen. Verf. verwandte nicht
Bier-, sondern Prefshefe (Branntweinhefe), und ist der Ansicht, dafs hierin der Hauptgrund für die theilweise etwas
abweichenden Resultate liegen möge. Je rascher und
vorübergehender die Erwärmung ist, desto schwächer erscheint ihre Einwirkung auf die Hefezellen. Als Gähr-
flüssigkeit wurde Pasteur'sche Flüssigkeit oder Lösung
von Candiszucker angewandt. Die entwickelte Kohlensäure
wurde mittelst Kalilauge aufgefangen und gewogen, der
Alkohol im Destillate der vergohrenen Flüssigkeit mittelst
der Lieben'schen Jodoformreaction nachgewiesen (Annal.
der Chem. und Pharm. VII. Suppl. 1870. S. 219). Im
feuchten, frischen Zustande wurde die Hefe bei 70—72° C.
getödtet; im lufttrockenen, wo sie noch etwa 13 pC. Wasser enthält, bei 115—120° C. (unter langsamer und anhal-
tender Erwärmung); rasch vorübergehende Erwärmung
erträgt sie noch bis 130°. Bei 140° sind die Hefezellen
zwar dem mikroskopischen Ansehen nach todt, aber trotzdem wird noch Alkohol erzeugt. (Die Zellen haben nämlich in diesem Zustande sämmtlich keine Vacuolen mehr,
sondern einen conglobirten Inhalt.) Diese Alkoholbildung
fand auch dann statt, wenn jede Spur von Bacterien, Vibrionen, Pünktchen, Körnchen fehlte, welchen man etwa
diefs Product zuschreiben könnte. Selbst nach Erhitzung
auf 258° C. fand noch Gasentwickelung statt, mit nach-
weisbarer Alkoholbildung. Die Hefezellen erschienen beim
Abschlufs des Versuches verkohlt. Bei Erhitzung auf

295—308° C. Verkohlung, keine Aldehydentwickelung;
Spuren von Alkohol! nach Ausweis der Lieben'schen
Probe. Oft trat auch Mycelbildung ein nach Anwendung
aufserordentlich hoher Temperaturen, aus welchen Rhizopus, Mucor Mucedo oder Penicillium gl. gezüchtet werden
konnte. [Alles diefs läfst auf unvermeidliche Verunreini-
gungen durch Pilzsporen schiefsen, welche während der
Zusammensetzung des Gährapparates sich einschlichen.]
Auch aus dem Bodensatze der Gährflüssigkeiten konnte
Penicillium erzogen werden, wenn derselbe auf ausgekochte
Feigen gebracht wurde. Dagegen brachte der Bodensatz
von frischer gährender Hefe auf demselben Substrate keinen Schimmel hervor, wohl aber auf Kartoffel, Mohrrübe
oder Citrone, und zwar Rhizop. nigr., Mucor Mucedo,
Penic. gl. und Aspergillusarten. „Das stimmt in einigen
Hinsichten" mit den vom Ref. beobachteten Thatsachen überein. — Die Bemühung, Hefezellen durch me-
chanisches Zerreifsen (15 Stunden langes Zerreiben mit
gepulvertem Bergkrystall) zu tödten, führte nicht zum Ziele,
indem immer noch einzelne Zellen unversehrt geblieben
waren. Die Gährfähigkeit hatte solche Hefe nicht verloren. Wenn man Hefe mit Zuckerlösung längere Zeit
im Sieden erhält, so büfst sie ihre Gährfähigkeit grofsentheils ein; Aldehyd wird nicht mehr gebildet, aber Spuren
von Alkohol. Indefs ist eine sichtbare Gasentwickelung
hier nicht zu bemerken, auch traten keine neugebildeten
Hefezellen auf, sondern nur ruhende Bacterien und unbe-
stimmte, in Molecularbewegung begriffene Pünktchen und
Körnchen. — Reine Penicilliumsporen, stark mit Zuckerlösung geschüttelt und unter die Flüssigkeit versenkt, producirten stets Alkohol, selbst in Fällen, wo gar keine Penicilliumhefe zu sehen war und nur reichliche Bildung von
Mycelien stattfand. Je reichlicher aber die Bildung von
Penicilliumhefe war, desto gröfser fielen (nach der Probe
von Lieben zu urtheilen) die Mengen des Alkohols aus.
— Auf Grund dieser Versuche schliefst M., dafs zur alko-

holischen Gährung *lebende* Hefezellen *nicht nothwendig* seien; es sei mehr als wahrscheinlich, daſs das specifische Ferment der alkoholischen Gährung in der lebenden Hefe *und* in einigen Schimmelarten *gebildet* werde, ebenso, wie das Emulsin in den süſsen Mandeln. — Es wird hierbei also supponirt, daſs in den obigen Fällen von Fermentation nach der vermutheten oder wirklichen Tödtung der Hefezellen durch Erhitzen der eigentliche Ferment*stoff* in denselben unverändert übrig geblieben sei.

105) W. G. Smith, Peziza (Discina) macrocalyx Riefs, a new british fungus. (Journ. of Botany. 1869. p. 345. tab. 98. 99.)

106) Inzenga, G. Nuove specie di Funghi ed altre conosciute per la prima volta in *Sicilia*. Forts. u. Schlufs der 1. Centurie. (Giornale di scienze naturali ed echonomiche di Palermo. Vol. V. 1869. p. 53—72. — Centuria seconda p. 198—206. tab. 1. 2.)

107) J. English, on the preparation of *fungi*. (Transact. Proceed. bot. soc. of Edinburgh. X. 1869. p. 28.)

108) R. Mirus, Vergiftung von Bienen durch Hefe. (Archiv der Pharmacie von Ludwig, Mai 1871. S. 176.) Die Vergiftung geschah absichtlich mittelst einer Mischung von Honig und Hefe. Der Tod erfolgt nach der Ansicht des Verf. sehr rasch, und zwar in Folge der Gährung des eingesogenen Honigs durch die beigemischte Hefe im Honigmagen des Thierchens. Doch ist eine etwaige Zerreiſsung nicht beobachtet worden, wie denn überhaupt nichts angegeben ist bezüglich der pathologischen Veränderungen des Bienenkörpers oder der etwaigen weiteren Schicksale der aufgenommenen Hefe. Verf. sagt, die Hefe wirke zugleich purgirend.

109) Pfitzer, über *auf Diatomaceen* schmarotzende Pilze aus der Familie der Chytridieen. (Sitz. Ber. niederrh. Ges. Bonn; in Verh. nat. Ver. Pr. Rheinl. Westph. ed. Andrä. 1870. . . . . . . S. 62.) Es ist P. gelungen, das

Ausschwärmen zahlreicher Zoosporen aus der oberen Zelle
des Fruchtträgers zu beobachten, und auch festzustellen,
dafs diese Zelle sich nicht mit einem Deckel, sondern durch
Aufquellen und Verflüssigung ihres Scheitels öffnet. Der
in Rede stehende Pilz repräsentirt eine neue Gattung :
Podochytrium, welche sich von allen bekannten Chytridieen
mit Ausnahme von Rhizidium durch den zweizelligen
Fruchtträger unterscheidet. Von letzterer Gattung ist Podochytrium dadurch gesondert, dafs die als Zoosporangium
fungirende Zelle bei Rhizidium als seitlicher Auswuchs
unter dem Scheitel der Stielzelle entsteht, während bei Podochytrium die ursprünglich einzige, den Fruchtträger dar-
stellende Zelle durch eine zur Längsaxe des letzteren
senkrechte Querwand in Stiel- und Fruchtzelle sich theilt.
Die einzige bisher beobachtete, durch ihren keulenförmigen
Fruchtträger charakterisirte Form, welche P. als Pod. clavatum bezeichnet, wurde von ihm nur auf bereits todten
Pinnularien beobachtet, und zwar bis 20 Fruchtträger auf
einer solchen Diatomeenzelle.

110) Burkhardt (in Schmölln) fand sich veranlafst,
die oft gemachte Beobachtung einer anscheinend *düngen-*
den Wirkung abgestorbener *Champignons* (der Graswuchs
zeigt nach starkem Gedeihen von Champignons im folgenden Frühjahr fette grüne Stellen in Curven- oder Kreis-
form, welche den Linien der vermoderten Champignons
entsprechen; an ihrem äufseren Rande erscheinen dann
wieder neue Champignons) in der chemischen Beschaffenheit dieser Pilze zu suchen. Die von ihm eingesendeten
Pilze wurden auf der landw. Vers.-Station Jena analysirt
und ergaben frisch getrocknet 15 pC. Asche (auf 100
Trockensubstanz), worunter 2 Kali, 3 Phosphorsäure,
6 Stickstoff; im verfaulten Zustande auf 100 Trockensubstanz 34 Asche, worin 6 Kali und 6 Phosphorsäure und
3 Stickstoff. [Es wird nicht angegeben, in welcher Form
der Stickstoff in der Asche enthalten gewesen soll.] Frauen-
dorfer Blätter von Fürst, 3. Aug. 1871).

111) W. Ziegler, Gutsbesitzer, empfiehlt auf Grund praktischer Erfahrungen, nach Kühn's Vorschrift, als sicherstes Mittel gegen den Schmier- oder Steinbrand des Waizens (*Tilletia Caries*) das Einweichen des Saatgutes in Lösung von Kupfervitriol. (Zeitschr. f. d. landw. Ver. d. Grofsh. Hessen. 17. Oct. 1871. S. 352).

112) Ebendaselbst S. 366 bittet J. Kühn in Halle um Einsendung von *brandigen Aehren* behufs weiterer Untersuchung. Nach ihm gewordenen Mittheilungen ist in diesem Jahre in Oesterreich und Ungarn an manchen Orten der Roggenbrand (Ustilago secalis) aufgetreten, der ganz in derselben Weise wie der Steinbrand des Waizens an Stelle des Samens sich entwickelt, während die übrigen Theile der Aehre unverändert bleiben. Der Inhalt der Roggenbrandkörner bildet ein bräunlich-schwarzes Pulver, welches die Fortpflanzungszellen des Parasiten darstellt. Um die Entwickelungsweise derselben näher festzustellen, wäre die Zusendung von Untersuchungsmaterial sehr erwünscht. Eventuell kann auch ausgedroschener brandkornhaltiger Roggen für die Untersuchungszwecke ausreichen. K. fügt hinzu, dafs von dem Waizensteinbrand zwei verschiedene Arten vorkommen, Tilletia caries und Till. laevis, die sich allerdings nur unter dem Mikroskop unterscheiden lassen, aber sehr bestimmt von einander abweichen. Um über die Verbreitungsbezirke dieser Art Anhaltspunkte zu erhalten, würde auch die Zusendung von Waizenbrand aus möglichst verschiedenen Oertlichkeiten werthvoll sein.

113) A. v. Lösecke, zur Chemie und Physiologie des *Agaricus oreades* Bolt. (Ludw. Archiv der Pharmacie. Juli 1871. S. 36.) Die in einer Schüssel befindlichen frischen Pilze hauchten Cyanwasserstoff aus; trotzdem wurden dieselben nach geeigneter Zubereitung ohne Schaden verspeist. Ob die Bildung der Blausäure immer oder nur unter bestimmten Bedingungen uud Verhältnissen auftritt, ob Regen erforderlich, ob etwa vorher entstandene

Salpetersäure von Einfluſs ist, muſs weiter untersucht werden.

114) *Exidia auricula Judae.* Das bekannte Judasohr, ein auf alten Fliederstämmen vorkommender Pilz, findet sich nicht blofs bei uns, sondern auch in den Verein. Staaten und auf den Südseeinseln, Tahiti u. s. w. Dort wird der Pilz in ungeheueren Quantitäten gesammelt und nach China gebracht, wo man ihn zu Suppen gebraucht. (Ib. S. 170.)

115) Welwitsch erwähnt, dafs er auf seinen Reisen in Afrika in einem Calungembo genannten Districte einen bis jetzt unbekannten *Agaricus* von ungeheuerer Gröfse angetroffen habe. Der Hut desselben hatte 3 Fuſs im Umkreise und 20 Mann hatten eine Mahlzeit daran. (The Pharmac. Journ. and Transact. Aug. 1870.)

116) M. J. Berkeley and C. E. Broome, on some Species of the Genus *Agaricus* from Ceylon. (Novbr. 1868. — Vgl. Transact. Linnean Soc. of London. XXVII. 2. p. 149; Taf. 33, 34). — Zuerst Historisches über die Pilzkenntnifs von Ceylon durch König, Gardner und Thwaites. Es liegen nun 1200 Packete mit Pilzen von Letzterem in England. Einige Abbildungen aus den von T. eingesendeten sind hier ausgewählt. Fast alle sind merkwürdiger Weise verschieden von den durch J. Hooker in Sikkim und Umgebung früher gesammelten. Beschrieben sind : Agar. (Amanita) hemibaphus B. B. nov. spec. (wie die folgenden), (Lepiota) dolichaulus, (Lep.) manicatus, (Lep.) theloides, (Lep.) pardalotus, (Collyb.) sparsibarbis, (Volvaria) diplasius, verwandt mit dem Ag. (Volv.) Taylori B. B. von Jersey (c. diagn.), (Volv.) terastius, (Pholiota) micromeris, (Psalliota) psilocephalus. — Abgebildet sind : T. 33. a : Ag. hemibaphus; b manicatus; c diplasius; T. 34 : terastius (colorirte Lithographien).

117) W. A. Leighton, on *Sphaeria tartaricola* Nyl. a new british fungus. (Ibid. p. 159, und Taf. 35. Fig. inf.) Parasitisch auf dem Thallus von Lecanora tartarea.

Die schwarzen Perithecien simulirten eine Fructification des sterilen Flechtenthallus und fanden sich in den Interstitien von deren Areolen, niemals auf der Oberfläche derselben, wo dagegen das Mycelium (von mikroskopischer Kleinheit) umherkriecht, braun von Farbe. Sporen 8, anfangs kugelig, dann länglich, bei der Reife braun.

118) Bezüglich des immer noch etwas räthselhaften *Batrachomyces* berichtet C o h n (in der Schlesischen Gesellsch. f. vaterl. Cultur, 12. Jan. 1870), daſs ihm vom Justizrath R ü d e n b u r g zu Pleschen die Anzeige von einer am 19. Novbr. v. J. in Strzydzewo unweit Pleschen gegen 10 Uhr Abends beobachteten Lichterscheinung geworden, welche in Gestalt eines brennenden Strohgebundes oder einer Feuergarbe in einiger Entfernung vom Herrenhofe, etwa 100 oder 200 Schritt hinter dem Garten, auf dem Felde niedergefallen sei. Bei der vom Gutsherrn am folgenden Morgen angeordneten Nachforschung habe man daselbst einen ziemlich groſsen Klumpen von einer Gallertmasse gefunden, welche sich bei der am 22. Nvb. vorgenommenen Untersuchung als Froschgallert (aufgequollene Eileiter) erwies.

K o c h (früher in Dillenburg) beobachtete, daſs die Raben Embryonen von Unio und Anodonta fressen und dann halb verdaut als Sternschnuppengallerte wieder ausspeien. (Bei H e y n e m a n n in Ber. d. Senckenberg. Ges. Frankf. 1870. S. 129.)

119) W. T. T h i s t l e t o n D y e r, fungi parasitic on *Vaccinium* Vitis idaea. (Journ. of botany 1871, p. 328.) Wie auf Rhododendron ferrugineum gallenartige Geschwülste durch eine Art Ascomyces hervorgebracht werden, — nach der Auffassung B e r k e l e y's, — so auch auf der Preiſselbeere. Nach D. dagegen ist die Ursache das *Exobasidium* Vaccinii, welches bereits vor längerer Zeit von G r e v i l l e (Mpt.) als Cylindrosporium deformans unterschieden wurde. Die Pflanze ist nun auch in Schottland

beobachtet worden (Perthshire von B r o o m e; Balloch-
buie Forest, Braemar, von P a r k h u r s t). Die *Calyptospora* Göppertiana Kühn (vielleicht identisch mit Fusidium tumescens Fuck.) auf Preifselbeeren
ist in England noch nicht beobachtet. — D. fand auch ein
Rhytisma (Andromedae Fr.?) auf Vitis Idaea in Schottland in den Trosachs.

120) M a c n a b, *Temperature* of Fungi. (Ibid. p. 336.)
M. legte ein halbes Exemplar von Lycoperdon giganteum
in die Botanisirbüchse und fand am folgenden Morgen an
demselben eine auffallende Wärmeontwickelung. Ein klei-
neres Exemplar, 1 Pfund schwer, zeigte unter denselben
Verhältnissen 12,4° C., während die Luft nur 11,2° hatte.
D u t r o c h e t hat früher Aehnliches bei Agaricus, Boletus
und Lycoperdon beobachtet, doch betrug die Differenz nur
0,1 bis 0,4° C. Diese Erscheinung steht in Zusammenhang
mit der energischen Sauerstoffaufnahme dieser Gewächse.

121) L. v. H o h e n b ü h e l - H e u f l e r, über *Sarco-
sphaera macrocalyx* Awd. (Oesterr. bot. Zeitschr. 1871.
Nr. 7 und 8). Verf. erhielt lebende Exemplare aus Laibach. Der Pilz ist anfangs ganz geschlossen und wird
faustgrofs, allmählich zerspringt er in mehrere Lappen und
könnte als eine prächtige Erdtulpe bezeichnet werden.
Die Sporen werden in dichten Wolken ausgetrieben. Syno-
nymie : Peziza macr. Riess bei F r e s e n. Beiträge; nach
A u e r s w a l d hierher auch Peziza Geaster Rabh., was H.
bestätigt. Bisher beobachtet in Cassel, Arnstadt, Buden-
heim bei Mainz, Neustadt bei Coburg, Jura, Zips (Wallen-
dorf), Laibach. Die Sporen werden von 4¹/₂ bis 16 Mikrom.
Länge von verschiedenen Autoren angegeben. Letztere
Angabe stammt von F u c k e l und H. stimmt damit überein.
Ein eigentlicher Stiel ist nicht vorhanden; das ihm ähnliche Mycelgeflecht fehlt oft ganz. Die Farbe des Hime-
niums variirt nach H. von bräunlich bis zum schönsten
Veilchenblau. Auch ein Unterschied im Bau der Paraphysen ist gegen P. Geaster nicht durchzuführen. Die

8 *

Abbildung bei Gonnermann-Rabenhorst ist bezüglich des mikroskopischen Details mangelhaft. Die Zahl der Oeltropfen in den Sporen, meist 2, ist nicht constant. — Deschmann, welcher den Pilz bei Laibach auffand, hält ihn für identisch mit Pez. coronaria Jacq. Misc. aust. I. t. 10, welche von Rabenhorst zu Pez. repanda Wahlb. gezogen wird (Kryptog. Flora v. D. I. 373).

Derselbe : über *Puccinia Prostii* Duby. Von Wallner auf Tulpenblättern (Tul. Gesneriana) in Wien aufgefunden. Die Hymenialform (Aecidium) und die Stylosporenform (Uredo) sind noch nicht bekannt. Prost fand seiner Zeit diesen Pilz in Frankreich auf Tulipa Celsiana.

122) Hedwigia, Notizblatt für kryptogam. Studien, ed. L. Rabenhorst, Red. des Herausgebers 1871. Nr. 1. Auszug aus Schröter, Brand- und Rostpilze Schlesiens. 1869. Diagnosen der neuen Arten. — Nitschke, Pyrenomycetes germanici. I. Lief. 1. 2. 1867—70. Die Beschreibungen der Familiencharaktere sind abgedruckt, und zwar von Xylarieac, Diatrypeae, Valseae. Forts. in den folgenden Nummern wo die Beschreibungen auch einiger Subgenera mitgetheilt werden. Nr. 2. L. Rabenhorst, Uebersicht der von Haussknecht im Orient gesammelten Kryptogamen. [S. oben sub Nr. 43.]

Schröter und Schneider, Uebers. der in Schlesien gefundenen Pilze. Anzeige. — Nr. 3. De Bary und Woronin, Beitr. zur Morphol. und Physiol. der Pilze. 3. Reihe. 1870. Referat. Zieht sich durch mehrere Nummern und geht sehr ins Einzelne; die Schilderungen der Mycelien und Haustorien von Erysiphe und Verwandten sind z. B. ausführlich abgedruckt. — Rees, botan. Unters. über die Alkoholgährungspilze, 1870. Referat; Diagnosen der Rees'schen Hefespecies. — *Erbario crittog. ital.* Ser. 2. Nr. 301—400. Namenverzeichnifs, Diagnose von Homostegia (Sphaeria) filicina dNt. und Peziza tephromelas Pass. — Hallier, der pflanzliche Organismus im Blute der Scharlachkranken : Tilletia scarlatinosa und einige

andere Formen dieser Art. — P. Karsten, Monograph.
Ascobolorum Fenniae. 1870. Während Fries nur 11 Arten in seinem Syst. Myc. aufzählte, sind deren jetzt 56 bekannt. Diagnosen der neuen. Unter A, mit braunvioletten Sporen : A. carbonarius K., crenulatus, versicolor, hyperboraeus, lapponicus; — B, mit farblosen Sporen : rufopallidus, cinerellus, minutellus, myriadeus, fallax Awd., polysporus, punctiformis, hirtellus. — Nr. 4. P. Karsten, Species nonnullae fungorum novae. (Aus Notiser ur Sällskapets pro Fauna et Flora fennica förhandlingar. XI. 1870.) Diagnosen der neuen Species : Ditangium (n. gen.) insigne, ähnlich Tremella albida; Belonidium litoreum; Helotium insititium, pygmaeum, juniperinellum v. setipes, miserrimum, punctoideum, clavuliforme, byssaceum; Peziza nanella; Trochila fallens, cinera B. v. canella; Tympanis pithya, Phacidium macrum. — *Idem : Basidiomycetes* nonnulli Florae Tammelaёnsi addendi. Neue Arten mit Diagnosen, I. Hymenomycetes — Agaricus (Collyb.) cessans K., Cyphella filicina, abieticola, solenioides; Hypochnus Mustialaёnsis, Typhula elegantula. — II. Tremellini : Ditiola conformis. — St. Schulzer v. Müggenburg : Mykologische Beobachtungen aus Nord-Ungarn. [S. o. Nr. 29.] Abgedruckt sind hier nur die Beschreibungen von Hypomyces lateritius v. perpallidus und Balsamia (?) fusispora. Zur Namengebung sind nicht weniger als 43 Personen herangezogen : Thecla, Paul, August, Edmund, Josef u. a. Im Lahrer hinkenden Boten stehen für allenfallsigen Mehrgebrauch noch viele andere zur Verfügung. — Nr. 5. Aus dem 20. Bande (1870) der Abhandlungen der *zoolog. botan. Gesellschaft* in Wien sind die Diagnosen folgender Schulzer'scher Species abgedruckt *) : Helvella tremelloides, Lycoperdon pyriforme S. v. minus, nur 7—10 Linien hoch ; Boletus depressus, Theclae, flavidus Fr., Hygroph. praten-

---

*) S. auch oben Nr. 29

sis totus flavescens, Hygr. (Limacium) Ipolyii, Hazslinskyi,
H. Nympha β unicolor, γ luteus; Russula alba, alutacea v.
pileo rubro Fr. a gracilis; Russ. rugosa, plumbeo-cinerea
β major, Pauli, Lactarius pallidus Fr. β lacte dulci lutes-
cens, L. Aranyi, Dorneri, Cortinarius Szaszi (Dermocybe),
C. Deakii, Szabói, Agar. (Coprinar. Psathyrella) Thani,
Ps. fimetosus, Ps. gracilis β minimus; Ag. (Panaeolus)
Mengerszenii, P. fragilissimus; Pratella (Hypholoma) Mi-
kói, H. Szabói, (Stropharia) semiglobatus B. v. superbus.
— Forts. S. 92 : A. (Psalliota) flavidulus; Derminus (Naucoria) Rómeri, Divaldi, Toldyi, Kalchbrenneri, segestrellus
Fr. v. subumbonatus, (Flammula) Lónyayi, Gyulaii, (Hebeloma) fastibilis β subumbonatus, (H.) Zsigmondyi, Szto-
czeki, Augusti, longicaudus P. β albus, (Inocybe) dulca-
marus P. var., Pulszkyi. — Forts. S. 111 : (Inoc.) astero-
spermus, lacerus Fr. β argillophyllus. — Forts. S. 124 :
(Pholiota) Haynaldi; Hyporrhodius : (Leptonia) Edmundi,
Frauenfeldi, nefrens Fr. β extrius, (Entoloma) Jedliki;
Hantkeni, (Pluteus) Margói; — Leucosporus (Mycena) su-
pinus Fr. β subcarnosus, purus β obtusus, (Collybia) Doli-
nensis, carpathicus K. β pileo laevi, Pólyai, Horváthi. —
Forts. S. 142 : (Clitocybe) Henszelmanni, Nendtvichii,
Pettkói, Dukai, tuberculatus, Kubinyii, (Tricholoma)
Schenzli, striatipes. — Forts. S. 155 : Fr. Gönczyi, dulcis-
simus, Csengeryi, Baloghi, quinquepartitus L. β inconstans,
Columbetta Fr. δ glaber, subpulverulentus Fr. v. subum-
bonatus, Jendrassiki, Hunfalvyi, Josephi, (Lepiota) Relta.
— Forts. S. 171 : Lep. Frivaldszkyi. — Nr. 6. Worth.
Smith, Agaric. Georginae. — W. Wicke, die Pilze als
Genuſsmittel. Ausführliches Referat aus Nachr. k. Ges.
d. Wiss. z. Göttingen. 17. Aug. Der Wassergehalt ist
aufserordentlich grofs, z. B. 94 pC. bei Boletus aureus.
Der Aschengehalt schwankt auf 100 Trockensubstanz von
2,5 (Zunderpilz, Boletus fomentarius) bis 11,2 (Agaricus
Cantharellus), während Waizen nur 2, Erbsen 2,5 pC.
Asche liefern. Der reiche Mannitgehalt geht in das Koch-

wasser über. Boletsäure = Fumarsäure, Pilzsäure =
Aepfelsäure, Fungin = Cellulose. W. untersuchte Bolet.
edulis, Agar. Cantharellus, Clavaria flava, Morchella esculenta, Tuber cibarium, deren bedeutender Proteïngehalt von
22,8 bis 36,3 pC. steigt; Extractivstoffe 23—57 pC. In
der Asche 20—38 pC. Phosphorsäure, 48—59 pC. Kali. Nach
dem Proteïngehalt hat den höchsten Nahrungswerth die
Trüffel, dann die Morchel. Waizen hat nur 15 pC. Proteïn, Erbsen 26, Linsen 27; mit letzteren haben demnach
die Pilze beiläufig denselben Nährwerth; sie sind einigermafsen ein Ersatz für Fleisch, und es wäre verdienstlich,
die Armen an diese Speise zu gewöhnen. H. Lenz hat
gezeigt, dafs diefs mit Erfolg geschehen kann. Bezüglich
der stickstoffhaltigen Nährstoffe stellt sich das Verhältnifs
zu den stickstofffreien so :

bei Waizenmehl wie 1 : 6,2
  Erbsen   1 : 2,3
  Boletus edulis 1 : 2,8
  Agar. Canthar. 1 : 2,5
  Clavaria flava 1 : 2,4
  Morchella escul. 1 : 1,5
  Tuber cibarium 1 : 0,8.

Die Asche, ausgezeichnet durch reichen Gehalt an
phosphorsaurem Kali, verräth auch hier eine Analogie mit
dem Fleische von Thieren als Nahrungsmittel : Kali 48—56
pC. der Asche; Phosphorsäure 20—37. (Im Ochsenfleisch
39 und 34; im Roggen 32 und 47; in Erbsen 39 und 34.)
Ein beträchtlicher Theil dieser Salze geht beim Kochen
in das Wasser über, würde also beim Abgiefsen desselben
verloren gehen. — Ein leicht zu bereitendes Extract wird
empfohlen, welches sich lange aufbewahren läfst. — Nr.
7. 8. S. 120 : F. Cohn, mikroskop. Unters. eines schädlichen *Brunnenwassers* in Breslau. — Nr. **9. 10. 11.** G.
Winter, Diagnosen neuer Pilze : Sordaria pleiospora W.
auf Hasenkoth, S. curvicolla (Mäusekoth), tetraspora (mit
voriger, in Sachsen); Otthia Aceris, Alni; Ohleria obducens;

Sphaerella Carlinae; Pestalozzia Polygoni; Leptosphaeria fimiseda (auf Hasenkoth). — F r i e s, Queletia. (Diagnose.) — Anzeige von H o h e n b ü h e l - H e u f l e r : Enumeratio Cryptogamarum Italiae venetae; C o o k e, Fungi britannici exsiccati Cent. IV, London 1870. Nr. 301—400 : namentliche Aufzählung aller Arten, darunter nen : Mucor hyalinus, Helminthospor. reticulat. Rhinotrichum lanosum C. Des geographischen Interesses wegen theilen wir dieselben mit; sie sind mit den in Deutschland vorkommenden wesentlich identisch. Agaricus velutipes, Marasmius Rotula, Polypor. versicolor, Stereum spadiceum, Polyp. vaporarius, Hydn. auriscalpium, Stereum hirsutum, Auricularia mesenterica; Clavaria fragilis H., Hendersonia Frangulae Fr., Cyathus striatus, vernicosus DC., Thecaphora hyalina Tul., Peridermium columnare A. S., Xenodochus carbouarius, Lecythea saliceti Lév., Trichobasis Rumicum DC., Uredo bifrons Gr., Trichobasis Petroselini B., Puccinia Smyrnii, Coleosporium Pelasitis Lév., Uromyces apiculata, appendiculata, Bulgaria inquinans, Aecidium Asperifolii, Peziza omphalodes, Aecid. compositarum M., Sporidesmium polymorphum Cd. v. chartarum, Puccinia sparsa, Ascobolus Trifolii, Roestelia cancellata, Leptostroma Spiracae, filicinum, litigiosum Dsm., Dacrymyces stillatus, Phoma depressum B., Actinothyrium Graminis, Diplodia herbarum Lév., vulgaris Lév., Hendersonia strobilina Curr., Peziza fusarioides B., Fusarium tremelloides Grev., roseum, Fusidium flavovirens, Bispora monilioides, Torula pulveracea, Gonytrichum fuscum, Melanconium bicolor, Microcera coccophila Dsm., Coryneum disciforme, Cladosporium herbarum, Botryosporium diffusum, Dactylium roseum, Polyactis cana, Rhinotrichum lanosum Ck., Dendryphium curtum, Helminthosporium velutinum, Mucor hyalinus Cooke n. spec. in consortio Penicillii rosei; Helminthospor. reticulatum Cooke n. sp., H. Smithii B., Torula herbarum, Xylaria Hypoxylou, carpophila, Eutypa Acharii, leioplaca, flavovirens Tul., Valsa appendiculosa Fuck., Melanconis Alni, Nectria

punicea, Massaria eburnea, Diatrype inaequalis Curr.,
Sphaeria myriocarpa, Hypoxylon multiforme, Eutypa lata
Tul., Sphaeria herbarum v. Scrophulariae; Valsa salicina,
Crataegi, stellulata Fr., Sphaeria pulvis pyrius, spiculosa,
siparia B. B., ditopa, Ruborum, clivensis, Eustegia Ck.,
Spartii, nigrella, Diatrype disciformis, Peziza cinerea, Hy-
sterium commune, arundinaceum D., juniperinum, prunastri,
Fraxini, Rhytisma Urticae, Colpoma quercinum, Peziza
Ulmariae, Helotium aciculare. — Göppert, über die
weiße *Trüffel*, und Aufstellung von Pilzen im botan. Garten. Rhizopogon albus Fr. (Tuber a. Cd., Choeromyces
meandriformis Vitt.) in Oberschlesien, Böhmen und Ober-
Italien allgemein verwendet, wird von manchen der ächten
Trüffel an Wohlgeschmack vorgezogen. Verf. empfiehlt
dieselbe als wohlfeiler vor der franzö. Trüffel, und hofft,
durch sie die falsche Trüffel (Scleroderma vulgare, Feld-
steuerling) vom Markte zu verdrängen, wo sie vielfach für
theures Geld verkauft wird. Er erinnert dabei an die
Mittel gegen etwa durch letzteren Pilz veranlaßt werdende
Vergiftungen und erwähnt, daß Gerard (1851) einmal
500 Gramm Fliegenpilz, ein andermal 70 Gramm von Amanita phalloides ohne Nachtheil verzehrte, nachdem er dieselben in Essig eingeweicht hatte; nur ein Gefühl von
Schärfe im Halse machte sich nach dem Genusse des
Fliegenpilzes bemerkbar. — Verf. bittet bei dieser Gelegenheit um Aufschluß über Geisler's Handzeichnungen ober-
schlesischer Pilze aus den zwanziger Jahren, worin etwa
400 Species abgebildet waren, darunter auch die schwarze
Trüffel, jedoch ohne nähere Angabe des Standorts.

123) Wie das in menschlichen Dingen üblich ist, so
fallen die Urtheile über des Ref. *mykologische Berichte*
sehr verschieden aus. Bezüglich des I. (ed. 1870) sagt
Th. Husemann (Vorwerk's Jahrb. f. Pharm. Oct. 1871,
S. 242) : daß dem Verf. nachzurühmen sei, wie er be-
strebt gewesen, möglichst vollständig zu sein und selbst
über solche Leistungen, welche seinen Forschungen gerade-

zu entgegen treten, genau und sachlich referire, ohne pole-
misirend in Einzelnheiten sich zu verlieren. Ebenso wird
in einer Anzeige in Zarncke's literarischem Centralblatt
(1870. Nr. 47) bemerkt, daſs die Berichterstattung nach
Möglichkeit objectiv gehalten sei. Dagegen sagt
124) H. E. Richter, daſs dieser Bericht voll
unlöblicher Parteilichkeiten sei. (Medicinischer Jahres-
bericht : über krankmachende Schmarotzerpilze. 3. Art.
1871.) Es wird dieſs Urtheil vielleicht dadurch verständ-
lich, daſs R. ein warmer Anhänger der Micrococcus-Hypo-
these ist *). — Im Uebrigen wünschen beide Recensenten
statt der — so weit es eben möglich — chronologischen
Aneinanderreihung der in den mykologischen Berichten
besprochenen Arbeiten, eine logisch nach Materien geordnete, oder wenigstens ein Sachregister. In Betracht des
geringen Umfangs dieser Berichte halte ich beides für un-
nöthig; auch hat es bisher eine vielfache Benutzung dieser
Berichte nicht gehindert. Die Zerreiſsung der Aufsätze
nach Materien würde ins Endlose führen, und ein Sachregister genau ebenso voluminös werden, wie der Bericht
selbst; man denke nur an die Namensverzeichnisse. Ich
muſs es daher darauf ankommen lassen, ob die Leser das
Erscheinen dieser Berichte in der bisherigen Form auch
weiterhin unterstützen werden, und ob sie gegenüber dem
nicht ohne grofse Mühe thatsächlich Gebotenen Dasjenige
gütig nachsehen werden, was etwa anders oder besser sein
könnte. Indeſs beabsichtige ich, in einiger Zeit, wenn erst

---

*) Es ist dem gegenüber zu constatiren, daſs, wie sich aus unserem
vorliegenden Jahresberichte ergiebt, die Zahl der Anhänger dieser Lehre
unter den eigentlichen Experimentatoren sich in einer ebenso auffallenden
als beachtenswerthen Weise vermindert hat; in dem Sinne nämlich, daſs
früher behauptet wurde, die Micrococcuskörnchen entwickelten sich unter
geeigneten Umständen zu Hefe, Bacterien und zu wirklichen Pilzen.
Welches auch ihre sonstige Bedeutung sein möge, sie gehören demnach
nicht mehr in die eigentliche Mykologie.

eine gröfsere Reihe von diesen Jahresberichten vorliegen wird, ein besonderes Sachregister über alles bisher Erschienene zu veröffentlichen.

Was die Richter'sche Arbeit des Weiteren betrifft, so behandelt sie ihren Gegenstand unter folgenden Abschnitten, einen jeden mit der einschlägigen Literatur in grofser Vollständigkeit einleitend. — Allgemeines. Der Polymorphismus und die Pilzmorphen. Micrococcen. Vorkommen, Allgegenwart der Pilze; Organismen im Brunnenwasser. Microzoën des Weltraums. (Im Weltraum fliegen nach R. organisirte Körperchen herum, welche befähigt sind, nach Jahrtausenden wieder lebendig zu werden. Sie gelangen als Bestandtheil der Meteorsteine gelegentlich auf die Erde und entwickeln sich zu weiteren Lebensformen. Daher sei das Leben nicht auf der Erde — etwa durch Generatio spontanea — entstanden, sondern anfangslos und ewig.) Hefen und Gährungen. — Was ist Gährung? Mechanische Theorie. Chemische. Pilztheorie. Keine Gährung ohne Pilze. Ueber die einzelnen Gährungsarten. Nach Schär (Zeitschr. f. Biologie VI. 4. S. 467. 1870) wirkt *Phenol* energisch auf die Gährungspilze. Hefenzellen mit einprocentiger wässeriger Phenolsäurelösung versetzt, vermögen sehr bald nicht mehr, das Wasserstoffsuperoxyd zu zerlegen, die salpetersauren Salze in salpetrigsaure zu verwandeln, und die alkoholische Gährung des Zuckerwassers zu unterhalten. Blausäure wirkt nur vorübergehend in ähnlicher Weise; nach ihrer Verdampfung geht der Procefs weiter voran. — Infection, Miasma, Contagium. Hier wird u. a. eine Schrift von H. E. Wolf citirt : die Forschungen der Botaniker über das Vorkommen pflanzlicher Organismen im Thierkörper bei epidemischen Erkrankungen : Memorabilien, Lieferung VI. S. 129 — 144. 14. Aug. 1869. — Zur Forschungs-Methodik. Hier wird unter „Injectionsversuchen" Folgendes mitgetheilt : Cl. Bernard injicirte einem Hunde in die eine Vene Zuckerlösung, in die andere Hefe; das Thier starb nach 3 Stun-

den adynamisch und zeigte putride Blutzersetzung. —
Geschichtliches. — Specieller Theil, Menschenkrankheiten
pflanzlichen Ursprungs, und zwar mit Blutinfection (Wech-
selfieber, Cholera, Ruhr etc.), Haut- und Schleimhautkrank-
heiten (Favus, Zungenpilze, Ohrpilze, von denen neue Abbildungen durch Karsten publicirt sind : Monatsschrift f.
Ohrenheilkunde 1870, Nr. 9; und Bullet. soc. Muscou
1870. I. — Thierkrankheiten pilzlichen Ursprungs. (Rotz,
Milzbrand, Insectenkrankheiten). — Pflanzenkrankhei-
ten pilzlichen Ursprungs. — Schutz und Heilung der
Schmarotzerpilzkrankheiten; Selbstheilung, Schützung und
Desinfection. Bezüglich letzterer besteht der Verf. darauf,
dafs man sich das Contagium nicht chemisch, als giftiges
Gas, sondern organisch, als Staub mit zersetzungerregenden
Eigenschaften, vorzustellen habe. Selbst eingeathmet gelangen sie in den Magen, nämlich durch den Speichel.
Ueber schlechtes Trinkwasser. Morphiumlösung befördert
nach R. die Pilzentwickelung. Nach Hoppe-Seyler
werde durch Eisenvitriolzusatz die Entwickelung von Monaden, Vibrionen und Bacterien in keiner Weise verhindert.
(Medic.-chem. Unters. 1871. H. 4. S. 56—581. Berlin.)
Dagegen seien Carbolsäure und schweflige Säure besonders wirksam. Phenylsäure hindert nach Zapolsky nicht
die Einwirkung von Diastase auf Amylon, eben so wenig
die des Mundspeichels. Auch Craze-Calvert empfiehlt
dieselbe entschieden als desinficirendes Mittel. — Die Lec-
türe dieser ganzen Zusammenstellung macht einen durchaus
trostlosen Eindruck. Da in einem Referate, je unparteiischer
dasselbe ist desto mehr, *alle* Ansichten *gleichwerthig* erscheinen, so kommt man zu dem Resultate, dafs man eigentlich gar nichts Sicheres weifs. So schlimm steht es aber
eigentlich doch nicht; man weifs wenigstens, dafs gewisse
Ansichten positiv falsch sind, wenn man auch einstweilen
leider nichts Besseres an ihrer Stelle bieten kann. Indefs
ist auch ein negativer Fortschritt von Werth; er reinigt
den Weg für die Zukunft. Einstweilen ist mehr nicht zu

erreichen, als dafs ein Jeder, der sich für die schwebenden
Fragen interessirt, sich durch eigene Untersuchungen unter
Anleitung competenter Lehrer soweit zu informiren sucht,
dafs er sich ein selbstständiges Urtheil bilden kann. Er
wird dann wenigstens für sich selbst auf einem relativ
festen Grunde stehen. Die Ermittelung des objectiv Wahren
mufs von einer — vielleicht noch weit entfernten — Zukunft erwartet werden.

Was insbesondere die in R'.s Referaten so vielfach be-
rührte *Cholera* betrifft, so ist unser positives Wissen bezüglich der Natur und Wirkungsweise des Contagiums
noch aufserordentlich gering, um nicht zu sagen null, trotz
der unermüdlichen Ausdauer und der wahrhaft grofsartigen
Aufopferung furchtloser Aerzte, welche sich der Erforschung
desselben gewidmet haben. Man kann in der That nach
Allem, was darüber vorliegt, kaum mehr, als die allgemein-
sten Verhältnisse bezeichnen oder andeuten. Hiernach erfahren die Ausleerungen der Cholerakranken durch die
gewöhnlichen Zersetzungserreger (Bacterien) in 2—3 Tagen
eine besondere Gährungsform, welche eine durch die Luft
übertragbare Substanz liefert, analog dem Sumpfmiasma,
welche ganz local die Menschen ansteckt; auch dem Wasser der Brunnen kann sich dieselbe mittheilen. Angesteckt
werden theils Gesunde, theils und vorzüglich Solche, welche
bereits vorher eine mangelhafte Blutbeschaffenheit besafsen,
sei es durch anhaltenden Aufenthalt in schlechter Luft,
oder in Folge ungeeigneter Nahrungsmittel und Getränke.
Der Krankheitsprocefs liefert ein seröses Product, welches
binnen kurzer Zeit wieder dieselbe Zersetzung erleidet,
wie oben.

125) C. Versari, noterella sull' Otoparassitismo umano.
(20. Mai 1869. Memorie dell' Acad. d. scienze di Bologna,
Ser. 2. Tom. IX. Fasc. 2. 1870. p. 223—237.) Reflexionen
über die pilzlichen *Ohren*krankheiten mit Berücksichtigung
der Arbeiten von Tröltsch, Wreden und einiger
Aelteren.

126) M. J. Berkely and C. E. Broome, the Fungi of *Ceylon*. Journal of the Linnean Soc., Bot. XI. no. 56. 1871. p. 494—572 mit alphabet. Index. Nach sehr reichlichen Materialen von König, Thwaites (lieferte über 300 Abbildungen von der Hand eines Eingeborenen, von trefflichster Ausführung, wovon einige publicirt werden dürften; der Rest ist in guten Copien in Kew deponirt), Gardner (s. o.); 302 Agarici werden beschrieben, den britischen sehr verwandt; ferner einige andere Genera. Alle Fries'schen Sectionen von Agaricus sind dort vertreten, vorwaltend sind Lepiota und Psalliota; nur eine Pholiota. Nachfolgend sind die neuen Arten (n.) aufgezählt sowie diejenigen, deren Vorkommen für Pflanzengeographie von Interesse ist. *Agaricus* (Amanita) vaginatus, (Am.) anomologus n., (Lepiota) procerus, (Lep.) oncopus n., (Lep.) rubricatus n., (Lep.) inebriatus n., (Lep.) bolospilotus n., (Lep.) carphophyllus n., (Lep.) lepidophorus n., (Lep.) erythrogrammus n., (Lep.) oenopus n., (Lep.) adoreus n., (Lep.) leontoderes n., (Lep.) cepaestipes (gelb, auf moderndon Kräutern), (Lep.) licmophorus n., (Lep.) pselliophorus n., (Lep.) thrombophorus n., (Lep.) rhyparophorus n., (Lep.) phlyctanodes n., (Lep.) pseudo-granulosus n., (Lep.) muticolor n., (Lep.) biornatus n., (Lep.) paroenus n., (Lep.) macrocolus n., (Lep.) columbicolor n., (Lep.) viridi-tinctus n., (Lep.) apalochrous n., (Lep.) albo-russeus n., (Lep.) pyrocephalus n., (Lep.) flavido-rufus n., (Lep.) epicharis n., (Lep.) spodolepis n., (Lep.) micropholis n., (Lep.) earochrous n., (Lep.) anthomyces n., (Lep.) osphaematus n., (Lep.) spongodes n., (Lep.) lignyodes n., (Lep.) myxodictyon n., (Lep.) euconiatus n., (Lep.) granulosus (auf Blumentöpfen), (Lep.) ceramogenes n., (Lep.) pyrrhaes n., (Lep.) erythrostictus n., (Lep.) russoceps n., (Lep.) polyglomus n., (Lep.) citrophyllus n., (Lep.) plumbicolor n., Ag. alopochrous n., (Lep.) revelatus n., (Lep.) rhacoderma n., (Lep.) alphitochrous n., (Lep.) flagellatus n., (Lep.) hemichlorus n., (Lep.) metabolus n., (Lep.) oenocephalus

n., (Lep.) pungens n., (Lep.) metulaesporus n., (Lep.) le-
pricus n., (Lep.) eryphaeus n., (Lep.) aulacergates n., (Lep.)
melichrous n., (Armillaria) ompnerus n., (Ar.) rhodomalus
n., (Tricholoma) rhacophorus n., (Tr.) pachymeres n., (Tr.)
theiochrous n., (Tr.) rubrocyaneus n., (Tr.) charisterus n.,
(Tr.) nudus, (Clitocybe) iopeplus n., (Cl.) crocobaphus n.,
(Cl.) anisus n., (Cl.) dimorphus n., (Cl.) metrius n., (Cl.)
hyalodes n., (Cl.) epius n., (Cl.) conspurcatus n., (Cl.) py-
races n., (Cl.) myochrous n., (Cl.) spodophorus n., (Cl.)
laccatus Scop. (tief blutroth oder amethyst), (Cl.) sublacca-
tus n., (Cl.) porphyrodes n., (Cl.) vinoso-fuscus n., (Collybia) ondochorda n., (C.) multijugus n., (C.) apalosarcus n.,
(C.) Magisterium n., (C.) euphyllus n., (C.) chrysophorus
n., (C.) nephelodes n., (C.) cubistes n., (C.) diminutus n.,
(C.) verticolor n., (C.) clarus n., (C.) scotodes n., (C.) rufi-
pictus n., dryophilus Bull., (Cl.) leucophaeus n., (Mycena)
myoderma n., (M.) melanatomus n., (M.) pallido-rubens n.,
(M.) Silenus n., (M.) haematerus n., filopes Bull., stylo-
bates S., (M.) clavulifer n., corticola S., (M.) Heliscus n.,
(M.) paedisculus n., (M.) perone n., (Omphalia) holochlorus
n., (O.) viridicarneus n., (O.) lychnodes n., (O.) cirrho-
cephalus n., (O.) salmonicolor n., umbelliferus L. mit
schwarzem Hut, (O.) anthidepas n., (O.) Peri n., (O.) mi-
cromeles n., (O.) delicia n., (Pleurotus) angustatus n., (P.)
rigescens n., (P.) polychromus n., (P.) galeaeformis n., (P.)
flabellatus n., (P.) scytocephalus n., (P.) leptogramme n.,
(P.) semisupinus n., (Volvaria) Geaster n., (V.) volvaceus
B., (V.) pseudo-volvaceus n., (V.) apalotrichus n., (V.) co-
leatus n., (V.) microcoelius n., (V.) glandiformis n., (Pluteus) cervinus, (P.) subcervinus n., (P.) Aeolus n., (P.)
psichiophorus n., (P.) spilopus n., (P.) albo-lineatus n.,
(P.) glyphidatus n., (P.) stigmatophorus n., (P.) escharites
n., (P.) brunneo-pictus n., (P.) conizatus n., (P.) marmora-
tus n., (P.) pulvinus n., (P.) aglaeotheles n., (P.) fusco-
nigricans n., (P.) grandineus n., phlebophorus D.; (P.)
eugraptus n., (P.) pelinus n., (P.) balanatus n., (Entoloma)

ardosiaceus Bull. v. agauus n., (E.) chrysaegis n., (E.)
retroflexus n., rhodopolius, (E.) iodnephes u., sericeus, (E.)
mazophorus n., (E.) microcarpus n., (E.) intermixtus n.,
(E.) stylophorus n., (E.) pallido-gilvus n., (E.) argilophyl-
lus n., (Clitopilus) tephras n., (C.) subgilvus n., (Leptonia)
gnaphalodes n., (L.) gnophodes n., (Nolanea) fulvo-lanatus
n., (N.) lasius n., (N.) elaphines n., (Eccilia) hyalodepas n.,
(Hebeloma) micropyramis n., (Flammula) rufipunctatus n.,
(F.) Janus n., (F.) goniosporus n., (F.) alutiphyllus n.,
sapineus Fr., (F.) oxylepis n., (F.) dilepis n., (F.) crocias
n., (Naucoria) phaedropis n., (N.) microphices n., (N.) ab-
jectus n., (N.) pelidnus n., semiorbicularis Bull., (N.) lon-
chophorus n., (N.) gnapholopus n., (N.) fulvo-albus n., (N.)
ochrus n., (N.) heliocaes n., (N.) siennophyllus n., (Galera)
glaucopurpureus n., lateritius Fr., (Crepidotus) epicrocinus
n., (C.) flavo-marginatus n., (C.) grumoso-pilosus n., (Psalliota) crocopeplus n., *campestris* L., (P.) didactylus n., (P.)
lasiophrys n., (P.) hemilasius n., (P.) endoxanthus n., (P.)
actinorachis n., (P.) tornocephalus n., (P.) nymphidius n.,
arvensis Schaeff., (P.) bolorhizus n., (P.) dyspines n., (P.)
lituratus n., (P.) celidotus n., (P.) chrysocyclus n., (P.)
lepiotoides n., (P.) rhodochrous n., (P.) argineus n., (P.)
microcosmus n., (P.) plumarius n., (P.) callipeplus n., (P.)
chloroconius n., (P.) illotus n., (P.) subcitrinus n., (P.) my-
riostictus n., (P.) epipastus n., (P.) erythrospila n., (P.)
subaeruginosus n., (Hypholoma) *fascicularis*, (Psilocybe)
cano-ruber n., (Psathyra) spadiceo-griseus, (Ps.) amaurus
n., (P.) ochreatus n., (P.) efflorescens n., (P.) ascenus n.,
(P.) lucipetus n., (P.) porphyrellus n., (P.) tythus n.,
(Panaeolus) *papilionaceus* Bull., campanulatus L., cyanes-
cens n., caliginosus J., (Psathyrella) tiarella n., achnous n.,
leptoscoles n., auctus n., ctenodes n., *disseminatus* P., lep-
tomeres n., furfurellus n., Hiatula Flosculus n. — *Rhaco-
phyllus* n. gen. lilacinus n., *Coprinus* fuscescens Fr., fibril-
losus n., microsporus n., extinctorius Fr., macropus n.,
Rubecula n., pallidus n., setulosus n., castaneus n., fim-

briatus n., pachyterus n., plicatilis Fr., *Bolbitius fissus* n.,
Hygrophorus cinerascens n., multicolor n., alliciens n., prasinus n., nivosus n., alutaceus n., firmus n., pygmaeus n., *miniatus* Fr., roseo-striatus n., *conicus* Fr., cinereus n., bicolor n., elegantissimus n., apalus n., Alwisii n., caesius n., tricolor n., *chlorophanus* Fr., glandulaeformis n., *Russula* periglypta n., *emetica* Fr.; *Cantharellus* stolonifer n. sp.

129) Is. Neumann, zur Entwickelungsgeschichte des *Achorion.* (Archiv für Dermatologie u. Syphilis. Prag. 1871. H. 1. S. 20; H. 2. S. 212. Mit Abbildungen von Mycelformen.) Nach Beschreibung eines sehr zweckmäfsigen Apparates, dessen N. sich zur Züchtung der hautbewohnenden Pilze nach ihrer Trennung vom menschlichen Organismus bediente (als Nahrungsmittel wurde vorzugsweise Stärkekleister mit weinsaurem Ammoniak angewendet), schildert derselbe die Producte, welche er aus Favusborken züchtete. Leider geht die Entwickelung äufserst langsam — erst in 3—4 Monaten — vor sich, so dafs nur die fleifsigste Controle vor Irrthümern durch fremde Eindringlinge schützen kann. Das (gut abgebildete) Mycelium zeigt, wie immer, nichts specifisch Charakteristisches; kleine Conidien sind daran nicht zu bemerken, doch kommen gröfsere Formen — ähnlich dem Oidium lactis — vor, auch verschiedene Formen zwei- und mehrzelliger Makroconidien, erinnernd an Cladosporium, Stemphylium u. s. w. Vorzugsweise grofs wurden diese Gebilde bei der Cultur auf Hühnereiweifs. Zusatz von etwas Glycerin bewährte sich vortrefflich, um dem Substrate unter allen Umständen einen gewünschten Grad von Feuchtigkeit zu erhalten. — Aber welcher Fruchtform gehört nun dieses Mycelium an? Hallier erhielt stets Penicillium, Pick: dasselbe nebst Aspergillus, Hoffmann: Mucor, Lowe: Aspergillus glaucus; während wieder Andere diefs Alles für das Pro-

130

duct zufälliger Verunreinigung erklären *). [Verf. erwähnt hierbei, daſs ihm bei 4 Personen miſslungen sei, durch Einimpfung mit Penicillium, Mucor, Aspergillus gl., Milchhefe (Oidium lactis) und Milchbacterien eine positive Hautkrankheit zu erzeugen.) Bei N'.s Culturen traten am häufigsten folgende Fruchtformen auf : Penicillium, Torula, Mucor, Cladosporium, Aspergillus, Cephalosporium, Fusi-

---

*) Ich kann zu meiner früheren Untersuchung (Bot. Ztg. 1867) einen — wie mir scheint beweisenden — Nachtrag liefern :

I. Herpes vom Pferde. Frisch ausgerissene Haare wurden von meinem verehrten Collegen Pflug, Professor der Thierheilkunde, auf einen Kartoffelabschnitt übertragen, welchen ich in meinem Culturapparate (Botan. Ztg. 1865. S. 348) vorbereitet hatte (am 9. Juli 1869). Binnen 8 Tagen war das' ganze Substrat mit einem dichten Walde von Mucor racemosus Fres. überzogen. Auch kamen die bei Mucor nicht seltenen myceliären endogenen Brutzellen mehrfach vor. — Penicillium war nicht vorhanden.

II. Teigmaal vom Rind (Herpes tonsurans bovis, vgl. Gerlach in m. mykol. Ber. I. S. 54). Diese Affection ist im Wesentlichen identisch mit dem Favus des Menschen; nur bilden sich keine Scutella, sondern Schuppen aus Epitel, Fett, Riesenzellen u. dgl. Auch diesmal wurden die Haarwurzeln wie oben auf angekochten Kartoffelabschnitten deponirt (14. April 1870); am 1. Mai war viel Penicillium entwickelt, daneben fand sich vollkommen entwickelter Mucor.

III. Herpes tonsurans von einem Kalbe; Haare und Epidermisschuppen. Hier waren nachweislich 3 Menschen durch Berührung angesteckt worden, und zwar gleichfalls in der Form von Herpes tonsurans (nach der Aussage meines verehrten Collegen Prof. Seitz), sowohl am Kopfe als an anderen Theilen. Mai 1871. Die Cultur (wie oben) ergab : auf angekochtem Fleisch — in einem von Pflug ausgeführten Versuche — einen Mucor (mit auffallend stacheligen Sporangien, ähnlich dem subtilissimus Berk. in Journ. hort. soc. 1848. 3. S. 97 und 98 auf Allium Cepa; erinnernd an M. Juglandis Lk. bei Rabenh. S. 132). Auf angekochter Kartoffel entstand ebenfalls Mucor, daneben Oidium lactis, von welchem ich schon früher (Ic. anal. fung. Taf. 20, Fig. 20) nachgewiesen habe, daſs es im Formenkreise des Mucor auftritt. Auf einer zweiten Kartoffelcultur entwickelte sich der ächte charakteristische Mucor racemosus, circa 1 MM. hoch, mit braunen Früchten; daneben Penicillium glaucum.   H.

sporium, Cephalothecium, Acrostalagmus, Haplaria, geordnet nach der Häufigkeit ihres Vorkommens. Der Favus
aber enthält folgende Pilzelemente : a) Conidien von rund-
licher oder walzenförmiger Gestalt, einzeln oder in Gruppen
an einander gereiht; b) längliche, meist verästelte und ge-
gliederte Zellen; c) Mycelien; d) Micrococcus und Bacterien.
Aus a bis c könnte allerdings am Ende alles Mögliche
werden. Verf. vergleicht sie mit den Hefeformen und mit
Oidium lactis, deren Entwickelung erörtert wird. — Zu
einem positiven Resultate ist der Verf. zur Zeit noch nicht
gelangt, bezüglich der Frage nämlich, welchem von obigen
Schimmelpilzen das Achorion denn nun eigentlich angehört,
da die obigen grofsentheils nur Verunreinigungen zu sein
scheinen.

128) L. Rabenhorst, *Fungi europaei* exsiccati.
Cent. 15. Nr. 1401—1500. Dresden 1871. Enthält Folgendes. Nr. 1401 Agaricus (Clit.) cyathiformis Bull. 2 Cortinarius collinitus Fr. 3 Lenzites faventina Cald. 4 Hyme-
nochaete tabacina Lév. (Thelephora). 5 Corticium sulfureum Fr. 6 C. polygonium Fr. 7 Stereum rufum Fr.
8 Kneiffia setigera Fr. 9 Sistotrema confluens P. 10 Polyporus connatus Weinm. 11 Trametes Kalchbrenneri Fr.
(gibbosa Fuck. f. rh.). 12 Polypor. callosus Fr. und Calloria vinosa A. S. 13 Peziza macropus S. 14 dto, f.
exigua. 15 Cyphella pallida B. B. 16 Gyromitra esculenta Fr. 17 Morchella semilibera DC. 18 Peziza escha-
roides B. B. 19 Pez. lanuginosa Bull. 20 Poz. rufo-vio-
lacea A. S. 21 Pez. Humuli Lasch. 22 Pez. calycina Fr.
23 Didymium Libertianum dB. (Diderma Fres.) 24 Tuber
puberulum B. B. 25 Tub. aestivum Vitt. 26 Erysiphe
Martii Lév. 27 Erys. lamprocarpa Lév. f. Glechomatis.
28 Erys. (Calocladia) Mougeotii. 29 Er. lamprocarpa Lév.
f. Salviae (mit Pycniden). 30 Er. communis f. Geranii.
31 dto f. Delphinii. 32 Cicinnobolus Cesatii dBy. 33 Peri-
sporium funiculatum Preufs. (auf einem feuchtliegenden
hanfenen Spritzenschlauch). 34 Lasiobotrys Lonicerae Kz.

35 Sphaeria incarcerata Dsm. 36 fehlt. 37 Rhaphidospora
Carduorum Tul. (Raphidiphora Ant. Sphaeria acuminata
Sow., Carduorum Wllr. Ophiobolus disseminans Riefs).
38 Melanconis lanciformis Tul. (Sphaeria und Diatrype Fr.
Pseudovalsa dNot.). 39 Massaria hirta Fuck. 40 Cucurbitaria Spartii (Nees). 41 Cuc. elongata (Grev.) Aglaospora profusa dNt.). Plerumque macrostylospora! 42 Celi-
dium varium Tul. auf den Apothecien von Physcia parietina.
43 Lophodermium Pinastri Chev. f. Strobi (Hysterium
Schrad.). 44 Leptospora ovina (Sphaeria P.). 45 Cenangium Ericae Fr. f. ascigera. 46 Sordaria palmicola Awd.
auf Blättern von Chamaerops humilis. 47 Pleospora pel-
lita R. mit Brachycladium penicillatum Cd. (Sphaeria Bra-
chycladii Dsm.). 48 Pleosp. Typharum Fuck. (Sphaeria
F. Rbh. hb. myc., Sphaeria scirpicola v. Typhae Dsm.,
Leptosphaeria Typhae Awd.). 59 Ascobolus carneus P. und
Hypocrea fimeti Fr. 50 Guomonia setacea Awd. 51 Gnom.
errabunda Awd. (Sphaeria, Sphaerella Rob.). 52 Gnom.
pustulata Awd. (Sphaeria pust. P., Phoma Pustula Fr.).
53 Gnom. vulgaris Fuck. (Sphaeria Gnomon Tode). 54
Gnom. tubaeformis Awd. (Sphaeria Tode). 55 Ascochyta
Chelidonii Lib. 56 Depazea Nerii R. 57 Synchytrium
Myosotidis Kühn, f. Potentillae. 58 Syn. aureum Schröt·
f. Loti. 59 dto f. Saxifragae. 60 dto f. Cardamines. 61
dto f. Prunellae. 62 Peronospora grisea Ung. 63 Per.
calotheca de By auf Galium Aparine. 64 Per. Rumicis Cd.
65 Cystopus cubicus Lév. 66 Ramularia Stellariae R. Die
Dauer dieses Pilzes ist kurz. Er consumirt das Blatt-
parenchym vollständig und hinterläfst nur die Blattoberhaut
als hyalinen Fleck. 67 Chaetostroma stipitatum Cd. 68
Helminthosporium heteronemum Oud. c. dgns. (Macrosporium h. Dsm.). 69 Helm. sticticum B. B. 70 Geminella
Delastrina Schröt. 71 Gem. foliicola Schröt. n. sp. c. dgn.
auf Carex rigida. 72 Puccinia Aristolochiarum Cd. 73
Puccinia Pyrethri Schub., f. Uredo. (v. pot. Cystopus cubicus!) 74 Pucc. Violarum Lk. 75 Pucc. Prenanthis Ces.

76 Pucc. Liliacearum Dub. 77 Pucc. Saxifragarum S-l.
78 Pucc. Straminis Fuck. Form : Accidium Asperifolii P.
Pulmonariae. 79 Uromyces striatus Schröt. n. sp. c. dgn.
f. Medicaginis. 80 dto f. Genistae. 81 Urom. Armeriae
Dub. Lév. Form Accidium Statices Dsm. 82 Urom. acu-
tatus Fuck. 83 Urom. appendiculatus Lév. f. Astragali
(Urom. Astragali dBy). 84 Urom. ambiguus DC. Form
Uredo Alliorum Wllr. 85 Urom. Laburni Fuck. 85, b Cystopus candidus Lév. auf Cochlearia anglica. 86 Uredo
marginalis Rbh. 87 Darluca Filum Cast. f? Cirsii. (Phoma
Fil. Ces., Diplodia uredinaecola Dsm.). 88 Lecythea Baryi
Berk. 89 Sorisporium bullatum Schröt. n. sp. c. dgn. auf
Früchten von Panicum crus Galli. 90 Caeoma Sorbi Oud.
n. sp. c. dgn. 91 Caeoma Galanthi (Uredo) Kirchn.
(Schofsnitzer Wald bei Canth in Schlesien). 92 Accidium
incarceratum B. B. 93 Aec. Epilobii DC. (auf Epil. Flei-
scheri). 94 Aec. Clematidis DC. 95 Coleosporium Senec-
cionis Fr. 96 Ustilago receptaculorum Fr. 97 Ustil. echinata Schröt. n. sp. c. dgn. auf Phalaris arund. Blätter. 98
Ustil. Duriaeana Tul. in den Früchten von Cerastium ar-
vense! 98, b Synchytrium Taraxaci dBy. 99 Endophyl-
lum Sedi Lév. (Uredo DC.) auf Sed. boloniense. 1500 :
Protomyces Menyanthis dBy.

Anhang 857, b : Epicoccum neglectum Dsm. auf Mais.

Die Beiträge sind geliefert aus Centraleuropa, England,
Italien, Ungarn und zwar von de Bary, Berkeley,
Broome, Caldesi (Faenza), Currey, Delitzsch
(Leipzig), Fischer (Sachsen), Fleischhack, von
Hausmann (Tyrol), Hohenbühel-Heufler, Jack,
Juratzka, Kalchbrenner (Karpathen), Magnus
(Berlin), Malinverni (Vercelli), Marcucci (Sardinien),
v. Niessl (Steyermark), Oudomans (Amsterdam), de
Pedicino (Italien), Piccone (Genua), Pötsch (Ober-
Oesterreich), Rabenhorst, Rehm (Franken), Schie-
dermayr (Ober-Oesterreich), Schneider (Schlesien),
Wallner (Wien), Winther (Sachsen).

129) F. v. Thümen, *fungi austriaci* exsiccati. Teplitz
in Böhmen. Sumptibus collectoris. 1871. Dresdae, typis
C. Heinrich. Cent. 1. 2. Nach dem mir vorliegenden
Prospect (die Sammlung selbst habe ich nicht gesehen)
beginnt v. Thümen in Teplitz (Mühlstrafse, hohes Haus)
eine Exsiccatensammlung zum Preise von 3 Thlr. (5 fl.
österr. Währung) per Centurie. Die Sammlung ist vom
Herausgeber direct gegen frankirte Baarsendung des Be-
trages zu beziehen. Sammler, welche Beiträge liefern, erhalten Freiexemplare. Nach den alphabetisch geordneten
Inhaltsverzeichnissen der Cent. 1 und 2 sind es, wie gewöhnlich, vorzugsweise kleinere Pilze, welche hier gegeben
werden. Erwähnt seien : Amanita caesarea, Helvella Mo-
nacella, Polysaccum crassipes, zahlreiche Puccinien und Uromyces, Erysiphen, Peronosporen, Sphaerellen u. s. w.

130) L. Fuckel hat im December 1871 die in der
Botan. Zeitg. 1871, S. 524 angekündigte zweite Ausgabe
seiner *Fungi rhenani* exsiccati versendet, 18 Hefte à 100
Species auf einmal. Ein Zeugnifs seltener Ausdauer und
nachhaltigen Fleifses. Die Ausgabe geschah in einer be-
schränkten Anzahl von Exemplaren und ist, so weit mir
bekannt, bereits in festen Händen, im In- und Auslande
zerstreut. Die Hefte (à 4 Thlr.) bestehen aus losen Blättern in grofs Octav, welche in Papierumschlägen sich befinden und, von einem Pappdeckelumschlag gefafst, in steife
Futterale eingeschoben werden. Die Species sind reichlich
— auch mit den Nebenformen — vertreten; geordnet sind
dieselben nach des Verf. Symbolae 1 und Nachtrag 1. Da
ein Exemplar dieser Schrift beigelegt ist, in welchem alle
ausgegebenen Formen durch einen Bleistiftstrich am
Rande bezeichnet sind (auch das betreffende Heft ist auf
einfache Weise kenntlich gemacht), so dient die Schrift
zugleich als Index beim Nachschlagen.

Von der ersten Ausgabe ist der Supplementfascikel IX
erschienen, Fasc. 24 der Gesammtreihe.

————◂◂◂►◂◂◂◂————

Autorenregister.

Uebersicht

sämmtlicher bis jetzt erschienenen mykologischen Berichte.

*) Ueber die zahlreichen in der botan. Zeitung selbst erschienenen mykologischen Aufsätze ist in allen vorstehenden Berichten nicht referirt, da diese der Leser dieser Zeitschrift selbst vor Augen hatte.